Dieter Brendt

Zeitmanagement
für Handwerker

Anleitung zum Selbstcoaching
und zur optimalen Zeitgestaltung

D1668470

Den Handwerkern
in unserer Familie:

den Schreinern Ferdi und Manfred
den Schornsteinfegermeistern Gerd und Christian
und "last but not least" dem Uhrmacher Dirk

Dipl.-Psych. Dieter Brendt

Zeitmanagement
für Handwerker

Anleitung zum Selbstcoaching
und zur optimalen Zeitgestaltung

2., neu bearbeitete Auflage

Bibliografische Information Der Deutschen Bibliothek

Die Deutsche Bibliothek verzeichnet diese Publikation
in der Deutschen Nationalbibliografie;
detaillierte bibliografische Daten sind im Internet über
http://www.dnb.de abrufbar.

Bibliographic Information published by Die Deutsche Bibliothek

Die Deutsche Bibliothek lists this publication
in the Deutsche Nationalbibliografie;
detailed bibliographic data are available on the internet at
http://www.dnb.de

ISBN 978-3-8169-3368-7

2., neu bearbeitete Auflage 2018
1. Auflage 2011

Bei der Erstellung des Buches wurde mit großer Sorgfalt vorgegangen; trotzdem lassen sich Fehler
nie vollständig ausschließen. Verlag und Autoren können für fehlerhafte Angaben und deren Folgen
weder eine juristische Verantwortung noch irgendeine Haftung übernehmen.
Für Verbesserungsvorschläge und Hinweise auf Fehler sind Verlag und Autoren dankbar.

© 2011 by expert verlag, Wankelstr. 13, D-71272 Renningen
Tel.: +49 (0)71 59-92 65-0, Fax: +49 (0)71 59-92 65-20
E-Mail: expert@expertverlag.de, Internet: www.expertverlag.de
Alle Rechte vorbehalten
Printed in Germany

Vorwort des Autors

Die Daten und Beispiele in diesem Band stammen aus der Zusammenarbeit mit Kunden und Auftraggebern aus unterschiedlichen Handwerksbetrieben.

Bei der Veröffentlichung von Zahlen und Daten ist stets darauf geachtet worden, meine Verpflichtung, betriebliche Interna zu schützen, strikt einzuhalten. Soweit hier Beispiele von Einzelpersonen genannt werden, sehe ich mich in der Pflicht, deren Persönlichkeitsrechte durch diese Veröffentlichung *nicht* zu verletzen. Daher habe ich alle Beispiele in diesem Buch so verändert, dass Ähnlichkeiten mit lebenden Personen rein zufällig wären.

Unsere Leserinnen und Leser mögen es mir nachsehen, dass ich weitgehend die männliche Form (z.B. „der Mitarbeiter") gewählt habe. Es erschien mir stilistisch vorteilhafter und es erleichtert das Lesen. Natürlich lade ich Leserinnen und Leser gleichermaßen dazu ein, sich von diesem Band angesprochen zu fühlen.

Mein Dank gilt meinen Kunden, den Teilnehmern in Workshops, Seminaren und Coachings sowie den Teilnehmern an Auswahlverfahren, die durch ihre Fragen, Beiträge und ihr persönliches Beispiel Anregungen zu diesem Buch gaben.

Ein persönlicher Dank gilt dem expert verlag für seine engagierte Unterstützung.

Dieter Brendt
(Dipl.-Psych.)

Inhaltsverzeichnis

1 Wegweiser durch das Buch

Im vorliegenden Band werden einleitend grundsätzliche Überlegungen zu unserem speziellen Thema „Zeitmanagement für Handwerker" behandelt (Kapitel 2). Im Hauptteil geht es dann um zielgruppenspezifische Techniken und Methoden, orientiert am Regelkreislaufmodell des Zeit- und Selbstmanagements (Kapitel 3 bis 7). Die abschließenden Ausführungen zum „Stressmanagement" runden unser Buch ab (Kapitel 8).

Mit dem Inhaltsverzeichnis ist Ihnen bereits ermöglicht worden, sich einen ersten Überblick über die Themen zu verschaffen, die in den folgenden Kapiteln behandelt werden.

Dieses erste Kapitel, der „Wegweiser durch das Buch" hilft Ihnen, ganz konkret Zeit zu sparen. Verschaffen Sie sich mit ihm einen Eindruck vom Inhalt der einzelnen Kapitel. Jedes ist in sich abgeschlossen. Entscheiden Sie selbst, ob Sie alles „in einem Rutsch" oder besonders Interessantes zuerst bearbeiten wollen, oder nur die Abschnitte, die Ihnen wichtig sind.

In Kapitel 2 widmet sich der Autor auf der Grundlage seiner Erfahrungen als Trainer und Coach der Frage, ob und inwieweit das persönliche Zeitmanagement mit für Handwerkern typischen Verhaltensweisen und Persönlichkeitszügen zusammenhängt.

Vor dem Hintergrund dieser grundsätzlichen Gedanken zum Zeitmanagement erhalten Sie Gelegenheit, sich im Hinblick darauf zu hinterfragen, wie gut Sie Ihre Arbeit beherrschen. Zusammenhänge und Bedingungen, die dazu führen können, dass Ihre Arbeit Sie beherrscht, werden an einem Beispiel aus der betrieblichen Praxis eines Handwerksmeisters aufgezeigt.

Den Kapiteln 3 bis 7 ist das Regelkreislaufmodell des Zeit- und Selbstmanagements vorangestellt. Es enthält die Schritte: Ziele setzen – Planen – Entscheiden – Ausführen – Kontrollieren (vgl. Abbildung 1). Jedem Schritt ist ein Kapitel zugeordnet, in dem Techniken und Methoden zur erfolgreichen Realisation der einzelnen Schritte dargestellt werden.

1

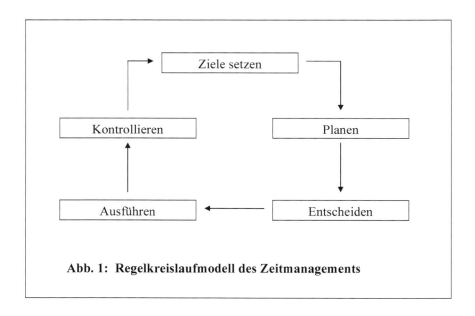

Abb. 1: Regelkreislaufmodell des Zeitmanagements

In Kapitel 3 „Ziele setzen" wird einleitend die Bedeutung klarer Ziele für erfolgreiches berufliches und privates Handeln im Allgemeinen und für Zeitmanagement im Besonderen thematisiert. Sie lernen Zielsetzungstechniken kennen und trainieren an Beispielen aus der Praxis, Ziele richtig zu formulieren. Schließlich wenden Sie das Gelernte an, um eigene Ziele zu setzen und Aktionsschritte zum Erreichen Ihrer Ziele zu bestimmen.

In Kapitel 4 „Planen" werden in der Praxis bewährte Methoden zur Zeitplanung ausführlich dargestellt. Im ersten Schritt erhalten Sie konkrete Hinweise, wie Sie ab heute Ihre Tagesplanung betreiben sollten. Im Weiteren wird Ihnen vorgestellt, wie Sie mit Tagesstörblättern Art, Ursache und Wirkung von Störungen und Unterbrechungen untersuchen können. Daran anknüpfend werden beispielhaft die von Handwerkern mit solchen Tagesstörblättern meist entdeckten Zeitfallen und Zeitdiebe dargestellt, sowie deren Ursachen und Gegenmaßnahmen eingehend erörtert. Thematisiert werden u.a. ungeplante, externe Störungen (Telefonate, unangemeldete Besucher), zu wenig effektive, zu lange Besprechungen, zu viele, zu lange Telefonate, belanglose Inhalte, zu viel Plauderei, Untergehen in der Informationsflut, Routinearbeiten sowie persönliche Gewohnheiten.

Kapitel 5 „Entscheiden" ist vor allem der Prioritätensetzung gewidmet. Es werden drei Methoden vorgestellt, die sich in der betrieblichen Praxis gut bewährt haben. Sie wenden die ABC-Analyse an, um die Aufgaben in Ihrem Zeitplan nach ihrem Wert für das Erreichen Ihrer Ziele zu untersuchen. Mit dem Eisenhower-Prinzip ordnen Sie Aufgaben nach Wichtigkeit und Dringlichkeit. Die Menü-Methode hilft Ihnen, Ihren Tagesplan zu optimieren.

In Kapitel 6 „Ausführen" werden zunächst arbeitsökonomische Überlegungen diskutiert. Mit Techniken, wie der „Schnellplanung in systematischen Schritten" oder der „Arbeitsrationalisierung durch Checklisten" werden Ihnen im ersten Teil des Kapitels Maßnahmen zur effektiven Arbeitsgestaltung an die Hand gegeben. Der zweite Teil des Kapitels ist vor allem für Handwerksmeister interessant, die Mitarbeiter führen: „Delegieren" ist hier Thema. Sie erhalten Gelegenheit, Ihre Einstellung zum Delegieren selbstkritisch zu analysieren und lernen das „Reifegrad-Modell" kennen und für Ihre betriebliche Praxis zu nutzen.

Kapitel 7 „Kontrollieren" zeigt nicht nur, auf welche Art und Weise das persönliche Zeitmanagement reflektiert werden kann, sondern es finden sich auch Tipps zur Auswahl von und zum Umgang mit Zeitplanbüchern und elektronischen Zeitmanagementmöglichkeiten.

Kapitel 8 dieses Buches behandelt wesentliche Aspekte zum „Stressmanagement". Auf einführende Erörterungen zum Wesen von Stress, seinen Gründen und Erscheinungsformen folgen Anregungen zur wirksamen Stressbewältigung. Hierzu werden Ihnen mit Fragebögen Möglichkeiten zur Selbstreflexion Stress verstärkender Einstellungen eröffnet, Checklisten liefern Tipps zum Umgang mit gesundheitsschädlichem Dauerstress.

Mit der ausführlichen Darstellung einer Modifikation der Progressiven Muskelentspannung nach Jacobsen wird ein in der Praxis bewährtes Entspannungsverfahren vermittelt, das sich an jedem beliebigen Ort realisieren lässt.

Im Weiteren beschäftigen wir uns mit „Burnout" als einer bei selbständigen Handwerkern häufigen Gesundheitsstörung infolge von nicht bewältigtem Stress und damit, wie sich das Burnout-Syndrom verhindern lässt.

Der vorliegende Band ist in Dialogform aufgebaut, d.h. ein virtueller Teilnehmer („**TN**") steht im Dialog mit dem als Coach tätigen Autor („**BT**") und stellt diesen durch seine Fragen immer wieder vor neue Herausforderungen. Sie erhalten damit einen Einblick in die zahlreichen Gespräche, die der Autor mit Handwerkern zum Thema führte und gewinnen beim Lesen den Eindruck unter den Diskutierenden mit dabei zu sein. Durch dieses aktivierende Element wird Ihnen der Einstieg in die Thematik besonders leicht gemacht, und der abstrakt-theoretische Hintergrund der Thematik wird so beinahe spielerisch vermittelt.

Eine Checkliste zur Schlussbetrachtung, Literatur-, Stichwort-, Abbildungs- und Tabellenverzeichnis, sowie Hinweise zum Autor stehen am Ende unseres Buches.

2 Grundsätzliche Überlegungen

Nehmen wir einmal an, Sie sähen auf einer Baustelle einen Zimmermann mit einer stumpfen Säge arbeiten. Und nehmen wir weiter an, Sie sprächen ihn an und wiesen darauf hin, dass er seine Säge schärfen solle. Was würden Sie wohl von ihm halten, wenn er antwortete:

"Dafür habe ich keine Zeit, siehst Du nicht, dass ich in Druck bin und vorankommen muss. Und nun lass mich in Ruhe, ich muss nämlich sägen!"

Vermutlich würden Sie vollkommen zu Recht an der Kompetenz des Zimmermanns zweifeln. Schließlich weiß doch jeder, dass die Arbeit noch mal so schnell von der Hand geht, wenn sie gut vorbereitet ist. Oder – um es grundsätzlich auszudrücken:

Wir beherrschen unsere Arbeit, wenn wir

➢ klare Ziele haben

➢ uns Übersicht verschaffen

➢ durchdacht planen

➢ das Richtige zur richtigen Zeit erledigen

➢ uns und andere effizient informieren

➢ vollständig und mitarbeitergerecht delegieren

➢ ökonomisch handeln

➢ positiv mit Zeitdruck und beruflichen Anforderungen umgehen

➢ angemessen Stress bewältigen.

Demgegenüber beherrscht unsere Arbeit uns, wenn wir immer wieder aufs Neue

➤ Arbeitsüberlastung und Zeitnot erfahren

➤ reagieren statt agieren

➤ gestaltet werden statt gestalten

➤ Störungen zulassen

➤ wichtige Arbeiten erst nach offiziellem Arbeitsschluss erledigen

➤ Berufs-Freizeit-Konflikte erleben.

Gelingt es uns nicht gegenzusteuern, unsere Zeit optimal zu gestalten, zu lenken statt gelenkt zu werden, wirkt sich das unmittelbar auf unsere berufliche Handlungskompetenz aus:

Wir nutzen nur noch 30 bis 40 Prozent unseres Potenzials!

2.1   Wie gut beherrschen Sie Ihre Arbeit?

Wenn Sie Ihre Möglichkeiten besser ausschöpfen wollen, finden Sie in diesem Buch anregende Methoden und Techniken. Vergeuden Sie keine Zeit, sondern investieren Sie ein wenig Zeit – es wird sich mehr als auszahlen. Machen Sie den ersten Schritt:

Nutzen Sie den nachfolgenden „Fragebogen zur Beurteilung der eigenen Arbeit"!

Kreuzen Sie bitte zu jeder Aussage an, wieweit diese zutrifft, ob eher

➤ „fast nie",
➤ „manchmal",
➤ „häufig" oder
➤ „fast immer".

Vergegenwärtigen Sie sich Ihre berufliche Situation. Entscheiden Sie spontan, ohne lange zu zögern!

Abb. 2: Fragebogen zur Beurteilung der eigenen Arbeit				
Aussage	fast nie	manch- mal	häufig	fast immer
1. Jeden Arbeitstag plane ich im Voraus, spä- testens am Vorabend.	0	1	2	3
2. Ich halte mir jeden Tag Zeit für gedankliche und schöpferische Arbeiten frei.	0	1	2	3
3. Ich delegiere soviel wie möglich.	0	1	2	3
4. Für meine Aufgaben lege ich Ziele und End- termine fest.	0	1	2	3
5. Ich bearbeite Vorgänge konsequent, nehme jede Akte / jedes Schreiben nur einmal in die Hand.	0	1	2	3
6. Ich erstelle täglich eine Liste mit zu erledi- genden Aufgaben, geordnet nach Wichtig- keit und Dringlichkeit. Wichtige und drin- gende Aufgaben erledige ich zuerst.	0	1	2	3
7. Ich halte den Arbeitstag von Störungen (Te- lefon, unangemeldete Besucher etc.) weit- gehend frei.	0	1	2	3
8. Mein Zeitplan hat Pufferzeiten, um auf aku- te Probleme und Unvorhergesehenes reagie- ren zu können.	0	1	2	3
9. Meine Aktivitäten sind auf jene Arbeiten ausgerichtet, die für meine Zielerreichung bedeutsam sind.	0	1	2	3
10. Ich sage „nein", wenn andere meine Zeit beanspruchen wollen und ich Wichtigeres zu erledigen habe.	0	1	2	3

Jeder Einschätzung ist eine Zahl von 0 bis 3 zugeordnet. Diese Zahl stellt Ihren Punktwert pro Aussage dar.

Addieren Sie bitte alle Werte zu Ihrem Gesamtpunktwert   →

Zur Auswertung blättern Sie bitte um.

Auflösung

0-15 Punkte:

Sie haben nur eine unzureichende Zeitplanung. Sie werden von anderen getrieben. Es fällt Ihnen schwer, sich und andere richtig zu führen. Über Ihre Ziele haben Sie eher unklare Vorstellungen, Prioritäten setzen Sie nicht ausreichend. Mit dem Erwerb von „Zeitmanagement für Handwerker" haben Sie den ersten Schritt für einen besseren Umgang mit der Zeit getan, wenn Sie sich konsequent und diszipliniert mit den Anregungen auseinandersetzen.

16 – 25 Punkte:

Sie versuchen, Ihre Zeit in den Griff zu bekommen. Es fehlt Ihnen aber an der letzten Konsequenz, um immer und in unterschiedlichen Situationen erfolgreich zu sein. „Zeitmanagement für Handwerker" liefert Ihnen Methoden und Techniken, um diszipliniert Ihr Potenzial besser auszuschöpfen.

25 – 30 Punkte:

Ihr Zeitmanagement ist gut. „Zeitmanagement für Handwerker" hält aber vielleicht noch einige Tipps für Sie bereit, um im Umgang mit der Zeit in allen Belangen vorbildlich zu sein.

2.2   Aus dem Alltag eines Handwerkers

Enger Termindruck und gestiegene Kundenansprüche kennzeichnen die Situation im Handwerk: Einerseits steht der Endtermin unumstößlich, Verschieben kann nicht nur den Kunden verärgern, sondern je nach Vertragslage unter Umständen sogar richtig teuer werden. Andererseits gehören Verzögerungen zum normalen Tagesgeschäft. Sei es, dass das bestellte Material noch nicht vor Ort ist, wetterbedingte Unterbrechungen auftreten, Geräte ausfallen, etc., etc. – kaum ein Tag vergeht, ohne, dass sich irgendetwas Unvorhergesehenes ereignet.

Statt in Ruhe seiner Arbeit nachzugehen, wird manch ein Handwerksmeister zum Feuerwehrmann. Kaum ist er in seinem Büro, klingelt sein Telefon. Der eine Geselle schimpft, weil sein Material noch nicht da ist, der andere teilt mit, dass sich seine Hilfskraft krank gemeldet hat, ein Kunde reklamiert eine Arbeitsausführung, ein anderer mahnt einen Terminverzug an, der Sicherheitskoordinator einer Großbaustelle kritisiert sicherheitswidrige Verhaltensweisen seiner Gesellen auf einer Baustelle und, und, und – die Liste lässt sich beliebig fortführen.

Jede Meldung, jede Klage, jede Reklamation wird sofort eigenhändig bearbeitet. Schließlich – so denkt der Handwerksmeister – trägt er ja die Verantwortung. Außerdem – wenn er es selbst macht, geht's sowieso schneller. Ehe er seinen Meistergesellen erklärt hat, was sie machen sollen, hat er deren Probleme schon längst gelöst. Übrigens – der eine meldet sich eine knappe Stunde später wieder, teilt mit, dass der neue Leiharbeiter im Vergleich zu der erkrankten Hilfskraft überhaupt nichts taugt. Was er denn nun tun solle?

Auf diese Weise werden Energie, Durchsetzungsvermögen und Zähigkeit auf harte Proben gestellt. Nicht wenige halten das Geschehen für unabwendbar und fügen sich in ihr Schicksal. Wieso sollen sie ihre wertvolle Zeit nun auch noch zum Planen nutzen, wo die nächste Unterbrechung quasi vorprogrammiert ist. Wer kann denn schon „nein" sagen, wenn der Vertreter des Großkunden – „unverhofft kommt oft" – „vorbeischaut" und darum bittet, doch „mal eben" zeitnah ein Angebot für das Projekt X fertig zu machen. Er müsse heute am Nachmittag in eine Projektbesprechung und da ließe sich vielleicht etwas einfädeln. Gänzliche Resignation ist angesagt – oder?

Die Papiere auf dem Schreibtisch werden wieder umgestapelt. Wo war denn noch...? Kein Wunder, dass Ärger und Frust wachsen. Und dann kommt auch noch Frau Nette aus der Buchhaltung und fragt nach den Stundenzetteln. Das schlechte Gewissen des Handwerksmeisters meldet sich, als die arg kurz angebundene Auskunft mehr als Unverständnis hervorruft. Schließlich darf doch jeder jederzeit zu ihm, wenn er ein Problem hat. Für seine Mitarbeiter und Kollegen ist unser Handwerksmeister immer da. Ob er sich wohl gerne stören lässt?

Essen wollte er ja eigentlich auch noch etwas. Das lässt sich sicher irgendwie unterwegs erledigen. Der Geselle hat übrigens zwischenzeitlich angerufen, dass der Leiharbeiter „richtigen Mist fabriziert" hätte, was er ja schon vorausgesehen habe. Was er denn jetzt tun solle?

Natürlich kommt unser Handwerksmeister zu spät zum Ortstermin. Schließlich konnte er wohl kaum seinen vielversprechenden, jungen Mitarbeiter „im Regen stehen lassen", als der bei seinem neuen Projekt um seine fachliche Unterstützung bat. Er hatte zwar bis dahin an einer eigenen kniffligen Problemstellung gearbeitet ... aber wenigstens hat er das Angebot für den Großkunden fertig. Und außerdem – man weiß ja – der Verkehr ist unberechenbar, das kennen alle und alle haben auch Verständnis dafür. Alle?

Außerdem – was geht hier eigentlich ab? Was ist Thema? Wieso muss ich überhaupt dabei sein? Der Ortstermin dauert jetzt schon 40 Minuten, und es werden nur Themen behandelt, die andere betreffen. Und die tun so, als ob sie das Alles zum ersten Mal gehört hätten. Ist das denn die Möglichkeit?

Der weiter oben schon erwähnte Kunde meldet sich über Handy in der Besprechung. Er habe keine Lust mehr, weiter zu warten. Das sei wohl typisch für seinen Betrieb. Wegen des Terminverzugs lege er nun Rechtsmittel ein... – gut, dass es ein Handy gibt. Schnell, raus aus der Besprechung und die Wogen glätten. Gerade noch mal gut gegangen?

Die anderen Besprechungsteilnehmer warten zwischenzeitlich. Nicht nur, dass alle vorwurfsvoll blicken – einer schlägt sogar mitfühlend lächelnd vor, zukünftig Handys auszuschalten. Das Thema erledigt sich, als dessen Handy klingelt. Wieso eigentlich?

Gott sei's gelobt, dieser Ortstermin ist nun endlich auch zu Ende. Auf dem Weg zum nächsten Termin liegt die Lieblingsimbissbude unseres Handwerksmeisters. Den Inhaber kennt er noch aus der Grundschule. Zu dumm, dass ihr nettes „Schwätzchen" so lang dauerte. Unser Handwerksmeister konnte aber doch nicht einfach so abhauen. So oft sieht er seinen Freund nun wieder auch nicht. Nun muss er aber wirklich los, steigt ins Auto und fährt – noch ganz in Gedanken – in Richtung Firma statt zum Kunden, der seit dem Telefonat auf ihn wartet. Kehrt um, legt ein wenig an Tempo zu – wie konnte er nur den Blitzer vergessen?

Das Gespräch mit dem Kunden verlief dann doch unerwartet sachlich und konstruktiv. Ganz vernünftiger Mann eigentlich – wenn nur alle so wären. Da ist der Bürokrat auf dem Amt, wo er jetzt hin muss, schon ein anderes Kaliber. Ob er da wohl seine Nachforderung durchkriegt? Der zeigte sich bei der Auftragsvergabe schon als „Erbsenzähler" ... War ja voraus zu sehen, dass er Schwierigkeiten machen würde, oder?

Endlich zurück zu Hause in der Firma. Oh, den Auftrag seiner Frau vergessen. Dabei ist er an „zig" Läden vorbeigekommen. Er kann sich ja auch wirklich nicht um alles kümmern. Na ja, vielleicht schafft er es am Feierabend. Sein Schreibtisch ist in der Zwischenzeit voller geworden. Da liegt jetzt auch noch die Post und eine zweiseitige Aktennotiz von Frau Nette über Mängel seiner Buchführung. So was macht sie immer, wenn sie sich über ihn ärgert. Typisch!

Während er die Post bearbeitet, klingelt immer wieder das Telefon. Hat sich wohl herumgesprochen, dass er wieder im Büro ist. An konzentriertes Arbeiten ist so nicht zu denken.

Endlich 17.00 Uhr. Ruhe! Nun hat er Zeit für kreative, schöpferische Arbeiten. Bevor er anfängt, fragt er sich, was er denn eigentlich den ganzen Tag über gemacht hat.

Gegen 20 Uhr ist er zu Hause. Den Kleinen kann er gerade eben noch „Gute Nacht" sagen. Und dann muss er sich mit seiner Frau auseinandersetzen, die zum wiederholten Mal damit beginnt, ihm Unzuverlässigkeit vorzuwerfen. An nichts denke er, er habe nur seine Firma im Kopf und, und, und. Sein Essen könne er sich nun selber aufwärmen und das wär's dann.

Als er später neben seiner Frau versucht einzuschlafen, fällt ihm der Anruf des Rechtsanwalts wieder ein. Er habe Bedenken, ob die Nachforderung rechtlich durchkomme. Nach VOB so und so, und dies und das ... er solle doch noch einmal versuchen, vernünftig mit dem Auftraggeber zu sprechen. Mensch, wie soll er das nur machen?

Kennen Sie auch solche Tage? Vielleicht nicht ganz so extrem, aber das eine oder andere kommt Ihnen mehr oder weniger, vielleicht sogar sehr bekannt vor? Wie auch immer – lassen Sie sich durch den Alltag unseres Handwerksmeisters anregen.

Nehmen Sie sich einen Augenblick Zeit und fragen Sie sich

➤ Nutzen Sie Ihre verfügbare Zeit zum Planen oder haben Sie schon gänzlich resigniert?

➤ Besitzen Sie noch Energie, Durchsetzungsvermögen, Zähigkeit oder haben Sie sich in Ihr Schicksal gefügt?

➤ Können Sie „nein" sagen, bzw. wollen Sie es überhaupt?

➤ Ärgern Sie sich, sind Sie frustriert aber tun nichts dagegen?

➤ Wieweit lassen Sie sich gerne ablenken ohne diese Schwäche zunächst offen zuzugeben?

➤ Wie energisch verhindern Sie Störungen?

➤ Wie lange arbeiten Sie konzentriert?

➤ Wie oft wechseln Sie Ihre Tätigkeiten?

Solche Fragen helfen Ihnen, Ihre Zeitfallen zu entdecken und Ihren Zeitdieben auf die Spur zu kommen. Möglicherweise kannten Sie diese ja auch schon vorher. Dann stellt sich natürlich die Frage, wieso Sie Ihr Verhalten nicht schon längst geändert haben.

2.3   Zeitmanagement – untypisch für Handwerker?

Wer sich heute in der einschlägigen Fachliteratur umschaut, findet nicht nur Methoden und Techniken, sondern auch immer wieder Hinweise darauf, dass es der Veränderung persönlicher Einstellungen und eingeschliffener Verhaltensweisen bedarf, wenn es darum geht, persönliches Zeitmanagement zu optimieren. Dass dem auch so ist, zeigt stellvertretend für viele seiner Kollegen das oben vorgestellte Beispiel eines Handwerksmeisters, auch wenn es sich zugegebenermaßen um eine überspitzte Darstellung handelt.

TN: „Nun ja, ganz so überspitzt ist es nun auch wieder nicht. Teile kommen mir schon recht bekannt vor. Und ich weiß auch von Kollegen, denen es ähnlich geht. Insofern drängt sich mir die Frage auf, ob, bzw. inwieweit das überhaupt zusammengeht: Im Handwerk arbeiten und Zeit- und Selbstmanagement betreiben?"

BT: „Zur Klärung dieser Frage sollten wir uns an der Formel des Sozialpsychologen Kurt Lewin orientieren, wonach Verhalten (V) eine Funktion (f) ist, die sich aus Merkmalen der Person (P), der Situation (S) und deren Interaktion zusammensetzt:

$$V = f\,(P;S)$$

Wenn demnach Handwerker mit Zeit- und Selbstmanagement, also einem spezifischen Verhalten (V), generell Schwierigkeiten haben, so kann das an Faktoren liegen, die im Typ (der Persönlichkeit: P), der Arbeitssituation (S) und/oder dem Umgang mit den Anforderungen und Erwartungen am Arbeitsplatz (P X S) liegen. Klären wir also:

1) Gibt es so etwas wie eine typische Handwerker-Persönlichkeit und besitzt diese – ich nenne sie einmal – *homunculus technicus* Eigenschaften, die den Bemühungen zum persönlichen Zeit- und Selbstmanagement entgegenwirken, und / oder

2) ist die Arbeitssituation eines Handwerkers so gestaltet, dass ihr *Scheitern* geradezu *vorprogrammiert* ist, und / oder
3) liegt es daran, ob und wieweit Handwerker ihre *Arbeit beherrschen* oder aber von ihr beherrscht werden?"

2.4 Anmerkungen zum „homunculus technicus"

Im Rahmen von vielen Personalentwicklungsmaßnahmen im Handwerk haben wir immer wieder mit dem Meyer-Briggs-Typenindikator (MBTI) gearbeitet, einem Fragebogen, der ein vertiefendes Verständnis von Persönlichkeit und den damit verbundenen Auswirkungen auf soziale Beziehungen am Arbeitsplatz und resultierendem Teamerfolg ermöglicht. Mit seiner Hilfe lassen sich 16 Persönlichkeitstypen aus 4 gegensätzlich beschriebenen Charakterzügen empirisch gestützt identifizieren.

Die Beschreibung der Charakterzüge orientiert sich an der Typologie des Psychoanalytikers C. G. Jung und liest sich in Kurzform wie folgt:

Abb. 3: Kurzdarstellung der MBTI-Charakterzüge

Extrovertierte (E) sorgen für Kommunikation im Team	vs	Introvertierte (I) fokussieren die Sache
Sinnlich Wahrnehmende (S) sichten die Fakten	vs	Intuitiv Wahrnehmende (N) prüfen die Möglichkeiten
Analytisch Beurteilende (T) analysieren kritisch	vs	Gefühlsmäßig Beurteilende (F) vermitteln Akzeptanz
Beurteilend Eingestellte (J) planen und terminieren	vs	Wahrnehmend Eingestellte (P) sind offen und sichern Flexibilität

---

Abbildung 4 zeigt die Verteilung der MBTI-Typen bei 79 Technikern eines Telekommunikationsanlagenbauers.

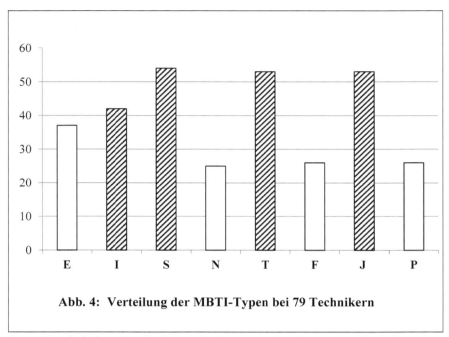

Abb. 4: Verteilung der MBTI-Typen bei 79 Technikern

Unser Ergebnis lässt für die beispielhaft ausgesuchte Gruppe der Techniker eine Tendenz zum ISTJ-Profil erkennen, und hat sich auch bei unseren Erhebungen in anderen Gruppen mit Handwerkern immer wieder bestätigt. Dem entspricht auch die Auffassung von Richard Bents und Reiner Blank, den Testautoren, die in der ausführlichen Beschreibung des ISTJ-Profils erklären, dass „Personen dieses Typs sich oft einen Beruf [suchen], in dem sie ihre Fähigkeit für Organisation und Präzision einbringen können", was ja für Technik und Handwerk gleichermaßen zutrifft. Und weiter heißt es:

„Personen mit ISTJ-Präferenzen sind zuverlässig und haben ein gesundes Verhältnis zu Fakten. Sie können Fakten aufnehmen, erinnern und damit umgehen. Sie bemühen sich dabei um Genauigkeit. Wenn sie sehen, dies oder das muss erledigt werden, packen sie zu und setzen sich ein – oft über das Pflichtmaß hinaus. Sie mögen es, wenn Dinge klar und verständlich formuliert sind. […] Sie sind gründlich, nehmen es haargenau und achten auf Einzelheiten und bestimmte Vorgänge. […] Sie lassen sich nicht voreilig auf etwas ein. Aber sobald sie etwas zu ihrer eigenen Sache gemacht haben, lassen sie sich nicht mehr davon abbringen. [...] Sie haben ein gesundes Urteilsvermögen und Sinn für bestimmte Abläufe. Sie können Berechnungen und Entscheidungen stets mit den nötigen Fakten belegen. Sie suchen in den Erfolgen von gestern die Lösungen für die Probleme von heute."

TN: „Das könnte ich so für mich unterschreiben. So muss ich ja auch sein, wenn ich meine Arbeiten einwandfrei in der vom Kunden gewünschten Zeitspanne erfolgreich erledigen möchte."

BT: „Dann lassen Sie uns zunächst einmal festhalten, dass Sie als ein Vertreter der Gattung *homunculus technicus* über Persönlichkeitsanteile verfügen, die sich eigentlich auch vorteilhaft auf ihr persönliches Zeit- und Selbstmanagement auswirken müssten, wie systematisches, gewissenhaftes Vorgehen, bei ausreichender Flexibilität, wenn es die Situation erfordert und überlegter Prioritätensetzung bei gut ausgebildeter Handlungskompetenz."

TN: „Auch das könnte ich so für mich unterschreiben. Genau so muss ich nämlich bei Fehlersuche und -behebung vorgehen, um schnell und sicher zu Problemlösungen zu kommen, wenn es dann mal nicht so glatt läuft. Damit dürfte ich also als *homunculus technicus* gleichfalls über genau die Persönlichkeitszüge verfügen, die mir persönliches Zeit- und Selbstmanagement erleichtern."

BT: „Wie eingangs schon erwähnt, erklärt sich Verhalten aus dem Zusammenspiel von Merkmalen, die die Situation kennzeichnen und Merkmalen, die in der Person liegen. Aus der Situation resultiert im beruflichen Kontext, welche Anforderungen an einen Handwerker gestellt werden. So erfordern beispielsweise die Tätigkeiten eines Handwerksmeisters in hohem Maß analytisch-logisches Denken, Anpassungsfähigkeit, Durchsetzungsfähigkeit, Einsatzbereitschaft, Führungsfähigkeit, Frustrationsfähigkeit, Initiative, Kontaktstreben, Kommunikationsfähigkeit, Lernbereitschaft, Motivationsfähigkeit, schöpferische Fähigkeit, sprachliche Ausdrucksfähigkeit und Zielstrebigkeit. Mit Hilfe eines Persönlichkeitsprofils lässt sich erfassen, wieweit diese Eigenschaften ausgeprägt sind. Stimmen Persönlichkeitsprofil und Anforderungsprofil überein, sitzt der richtige Mann in der passenden Stelle.

Nun verlangen aber die unterschiedlichen Aufgaben des Handwerksmeisters bestimmte Fähigkeiten besonders stark. So liegt auf der Hand, dass für den Umgang mit Kunden vor allem Kontaktstreben, Kommunikationsfähigkeit und sprachliche Ausdrucksfähigkeit gefragt sind. Beim Management eines Projektes mit anderen Gewerken ist besonders Flexibilität und Anpassungsfähigkeit, sowie Einsatzbereitschaft gefordert. Das Tagesgeschäft ist demnach geprägt durch

Faktoren, die beim Zeitmanagement vernachlässigbar sind. Hier geht es vor allem um Struktur mit Hilfe analytisch-logischen Denkens.

Aus der Erfahrung leitet sich die Bestätigung für die Wahl der Vorgehensweisen ab, d.h. das erfolgreiche Strategien verstärkt und bevorzugt ausgewählt werden, andere Möglichkeiten werden vernachlässigt. Es ist sicher nicht so, dass man es nicht auch anders könnte – nur, es hat sich in der Vergangenheit nicht so bewährt. Unter Druck wird von daher eher auf gut ausgebildete und hoch geübte Fähigkeiten – typische Verhaltensweisen zurückgegriffen.

Der Erfolg eines Handwerkers wird am Endtermin gemessen. Hat er ihn, durch Flexibilität und Einsatzbereitschaft realisiert, erfährt er positive Selbstbestätigung für seine Art, die Dinge anzugehen. Erst wenn Zeitdruck zu Leidensdruck wird, wird über alternative Möglichkeiten nachgedacht. Solange dies nicht geschieht, verhält sich ein Handwerker im Allgemeinen in der für ihn charakteristischen Art und Weise immer aufs Neue. Er handelt typisch – es wird zu einer Art Charakterfrage, ob er die Chancen nutzt, die Zeitmanagement ihm bietet.

Schließlich war man bislang ohne Zeitmanagement erfolgreich – warum also sollte man sich ändern?

Wenn Sie durch Zeitmanagement Ihre berufliche Situation verbessern möchten, sollten Sie sich auch im Hinblick auf Ihre Neigung hinterfragen, bestimmte Verhaltensweisen zu bevorzugen."

Auf der Folgeseite finden Sie einen Fragebogen, der Ihnen eine erste Orientierung im Hinblick auf Ihr Neigungsprofil ermöglicht.

Denken Sie bei der Erstellung des Neigungsprofils an Ihr berufliches Umfeld!

Entscheiden Sie spontan, ohne lange zu zögern!

Die Skalierung liest sich wie folgt:

„++" → starke Neigung zu der typischen Verhaltensweise links oder rechts

„+" → schwache Neigung

Abb. 5: Neigungsprofil → Zu welchem Typ tendieren Sie?

TYP **F**	++	+	+	++	TYP **T**
Handelt und überlegt dann, vielleicht					Überlegt und handelt dann, vielleicht
Folgt seinem Gefühl, nimmt Anleitungen als letzte Möglichkeit zur Hand					Liest Anleitungen, bemerkt Details
Fängt irgendwo an und überspringt Schritte					Beginnt am Anfang und geht schrittweise vor
Mag das Kreative, Neue, Unvorhergesehene					Mag Dinge, die klar und messbar sind
Bevorzugt persönliche Überzeugungen					Mag Logik
Wertet spontan, übersieht manchmal Fehler					Kritisiert aus dem Stand, findet sofort Fehler
Kann Menschen gut verstehen					Kann gut analysieren
Sieht die Dinge mit innerer Anteilnahme					Sieht die Dinge von Außen
Mag Veränderung und Vielfalt					Mag klare Abläufe und feste Routine
Schätzt Freiheitsgrade bei seinen Aufgaben					Mag klare Grenzen und Kategorien
Kommt mit Terminsachen erst in letzter Minute zurecht					Hält sich an Termine, plant im Voraus
Bevorzugt einen flexiblen Lebensstil					Bevorzugt ein geregeltes Leben

Auflösung

Je häufiger und je stärker Sie zu Typ **F** neigen, umso eher tendieren Sie dazu, sich selbst als **F**euerwehrmann, „Hans Dampf in allen Gassen" zu beschreiben. „Zeitmanagement für Handwerker" bietet Ihnen Möglichkeiten, das zu ändern. Bei sehr gut ausgeprägten Tendenzen benötigen Sie jedoch ein gehöriges Maß an Konsequenz und Disziplin beim Erwerb neuer erfolgreicherer Verhaltensweisen.

Bei einer gut ausgeprägten Neigung zu Typ **T** haben Sie in Ihrer Persönlichkeit gute Voraussetzungen zum **T**imemanager. „Zeitmanagement für Handwerker" liefert Ihnen Methoden und Techniken.

„Mischtypen" sollten sich durch „Zeitmanagement für Handwerker" anregen lassen, die eine oder andere Möglichkeit auszuprobieren.

> ➢ **Tipp für Leser mit „Appetit auf Mehr"**
>
> ➢ Wenn Sie eine ausführliche Beschreibung gemäß Meyer-Briggs-Typen-Indikator (MBTI) wünschen, richten Sie Ihre Bestellung an:
>
> ➢ BRENDT-TRAINING@t-online.de
>
> ➢ Der gewünschte Fragebogen wird Ihnen gegen Vorauskasse zugestellt. Nach Rücksendung des Fragebogens erhalten Sie ein ausführliches Profil. Preise und Konditionen werden Ihnen vorab mitgeteilt.

3   Ziele setzen

Nicht von ungefähr bildet das Thema „Ziele setzen" den Kopf unseres Regelkreislaufmodells zum persönlichen Zeit- und Selbstmanagement (vgl. Abb. 6).
Wer mit Zeitmanagement in allen Belangen des beruflichen und privaten Lebens
erfolgreich sein möchte, muss fähig sein, sich wohlgeformte Ziele zu setzen und
sich der Frage nach Zweck, Nutzen bzw. Sinn zu stellen.

Kein Handwerker wird irgendetwas entwerfen oder planen, wenn er nicht weiß,
wozu es nachher genutzt werden soll, welcher Verwendung es zugeführt werden
soll, kurz, welchen Sinn das Ganze machen soll. Wer an der Optimierung seines
Verhaltens arbeiten möchte, muss ein Gefühl für den Sinn von Veränderungen
entwickeln.

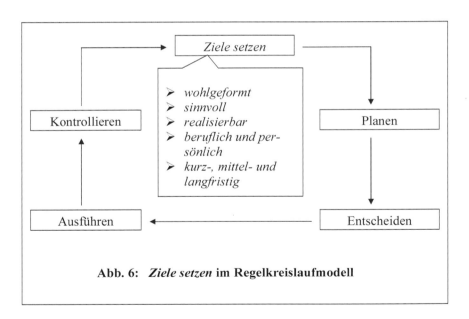

Abb. 6: *Ziele setzen* **im Regelkreislaufmodell**

Ziele sind keine Absichtserklärungen, wie wir sie zu Sylvester äußern, wenn wir uns dies und das im neuen Jahr vornehmen. Klare eigene Ziele unterscheiden sich grundsätzlich von solchen guten Vorsätzen. Sie sind weder unreflektiert übernommen noch stellen sie fromme Wünsche dar. Wohlgeformte Ziele werden bewusst definiert und erschließen uns konkrete Möglichkeiten, unser Verhalten konsequent und systematisch zu optimieren. Unser Leben erhält Richtung und Sinn.

Wenn Sie Ihre Ziele definiert haben, behalten Sie auch in der Hektik des Tagesgeschäftes den Überblick. Selbst unter größter Arbeitsbelastung setzen Sie die richtigen Prioritäten und verstehen es, Ihre berufliche Handlungskompetenz optimal einzusetzen. Bei der Verfolgung Ihrer wohlgeformten Ziele werden Sie erleben, wie sich emotionale Kräfte positiv auf Ihr Handeln auswirken. Jedes erreichte Teilziel, jeder Schritt in die vorgegebene Richtung, jeder Meilenstein bestätigt Sie in Ihrem Tun. Mit zunehmender Selbstbestätigung steigt Ihre Eigenmotivation, zusätzliche Energien werden freigesetzt.

Wohlgeformte Ziele stehen selbstverständlich im Einklang mit Ihrem persönlichen Leitbild, Ihrer persönlichen Philosophie. Damit werden Randbedingungen für Ziele aufgrund von individuellen Wertvorstellungen und persönlichen Stärken beschrieben. Das persönliche Leitbild beantwortet die Fragen:

➤ Wer will ich sein?

➤ Wo will ich was leisten?

➤ Wer ist/wird Empfänger meiner Leistungen?

➤ Was sind meine zentralen Wertvorstellungen?

➤ Was ist für mich gut?

➤ Wie will ich leben?

Sowohl längerfristige als auch kürzerfristige Ziele sind positiv formuliert, konkret, beobachtbar und messbar und aus eigener Kraft erreichbar. Klare Ziele beantworten die Frage:

➤ Was will ich bis wann erreicht haben?

Mit längerfristigen Zielen werden Strategien festgeschrieben. Es geht um längerfristige Verhaltensmuster zum Erreichen übergeordneter Ziele. Kürzerfristige Ziele sind eher taktischer Natur. Es werden Maßnahmen / Aktivitäten mit konkreten Terminen, Ablaufplan, Budget und Kapazitäten festgelegt.

Sowohl Strategien als auch Maßnahmen beantworten die Frage:

➢ Wie, auf welchem Weg will ich die gesetzten Ziele erreichen?

Wir unterscheiden – wie in Abbildung 7 dargestellt – prinzipiell drei Zielbereiche, die unterschiedliche Facetten aufweisen:

Abb. 7: Zielbereiche mit ihren Facetten

Unternehmensziele	**Berufliche Ziele**	**Persönliche Ziele**
➢ Mitarbeiter	➢ Arbeitsplatzsicherheit	➢ Familie
➢ Stellenziele	➢ Selbstverwirklichung	➢ Gesundheit
➢ Personalauswahl und -entwicklung	➢ Arbeit selbst	➢ Sport
➢ Teamentwicklung	➢ Gehalt	➢ Hobbies
➢ Betriebsklima	➢ Kollegialität	➢ Verein
➢ Termineinhaltung	➢ Wertschätzung	➢ …
➢ Qualität	➢ …	
➢ Investitionen		
➢ Projekte		
➢ Innovationen		
➢ …		

Bei der Zielauswahl und Koordination ist auf Harmonie zu achten. Ziele aus unterschiedlichen Bereichen sollten sich ergänzen und nicht gegenseitig ausschließen.

Einmal pro Jahr sollten Sie Ihre ausgewählten Ziele neu überdenken.

3.1   Zielsetzungstechniken

Doch bevor Sie sich daran machen, Ziele auszuwählen sollten Sie

1. Kriterien für wohlgeformte Ziele kennen und anwenden lernen und
2. sich damit auseinandersetzen, auf welche Art und Weise, Sie Ihre Ziele erreichen – erfolgsmethodisch Maßnahmen / Aktionen formulieren.

Sie werden nur dann in der Hektik des betrieblichen Alltags den Überblick behalten, wenn Sie Ihre Ziele schriftlich fixieren. Mit einem wohlgeformten Ziel schaffen Sie die Voraussetzung dafür, Ihre Prioritäten richtig zu setzen und Ihre Fähigkeiten optimal einzusetzen. So gewährleisten Sie, dass Sie schnell und sicher Ihr Ziel erreichen.

TN: „Was sind wohlgeformte Ziele?"

BT: „Wohlgeformte Ziele sind aus gutem Grund keine Verbote sondern Gebote. Elfmeterschützen, die sich vornehmen, nicht zu scheitern, werden verschießen, weil sie nicht „nicht" denken können. Im Angesicht des Torhüters haben sie ihr Scheitern und nicht ihren Erfolg vor Augen.

Wir benötigen Zielbilder, die uns eine realistische Vorstellung vom Erfolg vermitteln. So, und nur so werden wir von innen motiviert. Wir handeln nicht, weil wir von außen dazu ermuntert, aufgefordert oder gar gezwungen werden, sondern weil wir es wollen, können und dürfen.

Deshalb sind wohlgeformte Ziele

➢ positiv formuliert: Sie zeigen an, was erreicht werden soll und nicht, was vermieden werden soll.

➢ konkret fixiert: Mit Zahlen, Daten, Fakten sind sie messbar und überprüfbar.

➢ aus eigener Kraft erreichbar: Sie sind realistisch machbar, ansonsten blieben sie im Bereich der Utopie. Frustrationen wären vorprogrammiert.

➢ planbar: Mit Fristen und Terminen (wann) verfügen Sie einerseits über einen festen zeitlichen Bezug. Andererseits werden räumliche (wo) und situative Aspekte (unter welchen Umständen) ebenfalls berücksichtigt, um den Gesamtzusammenhang zu beschreiben."

Aus diesen Kriterien lassen sich – wie Abbildung 8 zeigt – Leitfragen ableiten, mit denen reflektiert werden kann, ob Ziele tatsächlich wohlgeformt sind.

Abb. 8: Leitfragen für wohlgeformte Ziele	
Wohlgeformte Ziele erkennen Sie daran, dass ...	Fragen Sie
positiv und präzise formuliert ist, was (und noch nicht wie es) erreicht (und nicht was vermieden) werden soll.	**Was genau?**
geklärt ist, wer verantwortlich ist; ist eigenhändiges Handeln möglich und realistisch oder bedarf es der Mitwirkung anderer – ist deren Einverständnis gesichert?	**Wer? (Mit wem?)**
festgelegt ist, wo (in welchem Zielbereich) gehandelt werden soll.	**Wo?**
beobachtbare und messbare Erfolgskriterien vorliegen.	**Wieviel?**
Termine genannt sind: von ... bis / bis am ... ist ... erreicht.	**Wann?**
Randbedingungen geklärt sind, die ein Überdenken des Ziels erforderlich machen. Sowohl Kosten-Nutzen-Überlegungen als auch mögliche negative Konsequenzen spielen hier eine Rolle.	**Unter welchen Umständen?**

Die Übung in Abbildung 9 bietet Ihnen die Möglichkeit, die Leitfragen anzuwenden. Die angeführten Beispiele formulierten Handwerker, die noch nicht mit den Kriterien für wohlgeformte Ziele vertraut waren.

Prüfen Sie, ob die aufgeführten Ziele wohlgeformt sind!

Formulieren Sie richtig!

Abb. 9: Übung zu „wohlgeformten Zielen"

Beispiel	Check-up mit Leitfragen: Ja ? / Nein ?						Wohlgeformtes Ziel
	Was genau?	Wer?	Wo?	Wieviel?	Wann?	Wann nicht?	
Ich möchte schnellstens mein Zeitmanagement verbessern.							
Ab nächster Woche versuche ich mehr Zeit für meine Familie zu erübrigen.							
Ab Montag nehme ich nicht mehr an überflüssigen Meetings teil.							
Bis zum 31.12. telefoniere ich statt im Durchschnitt drei Stunden maximal zwei Stunden.							
Ich versetze meinen Teamleiter X in die Lage das Projekt Y eigenverantwortlich zu leiten. Das erfordert Aufwendungen in Höhe von € ...							

Ziele richtig zu formulieren ist das eine, Maßnahmen abzuleiten das andere. Wohlgeformte Ziele klären, was Sie anstreben; Maßnahmen zeigen, wie Sie dahin kommen, welche Mittel Sie dazu brauchen, was Sie tun müssen, um das Ziel zu erreichen, kurz: Maßnahmen sollen zum Ziel führen!

Je konkreter Sie Ihren Weg zum Ziel beschreiben, umso sicherer werden Sie Ihr Ziel auch erreichen. Sie verfügen über eine gute Wegebeschreibung, wenn Sie

➢ sich vorstellen können, dass Sie Ihr Ziel schon erreicht hätten. Deutliche Zielbilder und klare Vorstellungen über die Vorgehensweise motivieren Sie, Ihr Ziel anzustreben und sichern, dass Sie sich genau darauf konzentrieren.

➢ Mittel, Maßnahmen und Zeitpunkte festlegen, um die richtigen Dinge in der richtigen Reihenfolge zum richtigen Zeitpunkt zu tun.

➢ in einem schriftlich fixierten Aktionsplan den inhaltlichen und zeitlichen Aufgabenumfang übersehen können und einzelne konkrete Schritte detailliert geplant haben.

3.2 Ihre Ziele in naher und ferner Zukunft

Genug der allgemeinen Überlegungen zur Zielsetzung! Nehmen Sie sich jetzt ein wenig Zeit und legen Sie Ihre Ziele im Arbeitsblatt „Ziele" (Abb. 10) auf der nächsten Seite fest.

➢ Fixieren Sie Ihre Ziele schriftlich.

➢ Verschaffen Sie sich Klarheit über alle Zielbereiche.

➢ Setzen Sie Prioritäten und achten Sie auf harmonische Zielabstimmung.

➢ Wenden Sie die Zielsetzungstechniken an, statt Ziele unbewusst oder unreflektiert zu übernehmen.

1. Bestimmen Sie für jeden Zielbereich wohlgeformte Ziele (wenigstens eins pro Zeile) und zwar jeweils

➢ kurzfristig (mehrere Tage bis Wochen)

➢ mittelfristig (mehrere Wochen bis Monate)

➢ langfristig (mehrere Monate bis Jahre)

2. Legen Sie fest, wie Sie vorgehen werden, um Ihre klaren Zielvorstellungen zu verwirklichen.

Abb. 10:   Arbeitsblatt „Ziele"

Welche beruflichen Ziele will ich erreichen?

	Berufliches Ziel	Aktionsschritte zur Realisierung
Kurzfristig		
Mittelfristig		
Langfristig		

Welche persönlichen Ziele möchte ich erreichen?

	Persönliches Ziel	Aktionsschritte zur Realisierung
Kurzfristig		
Mittelfristig		
Langfristig		

Betrachten wir nun die zweite Position im Regelkreislaufmodell, das „Planen" mit den Facetten Zeitinventur, Tagesplanung, Tagesstörblätter und Zeitfallen und Zeitdiebe (vgl. Abb. 11).

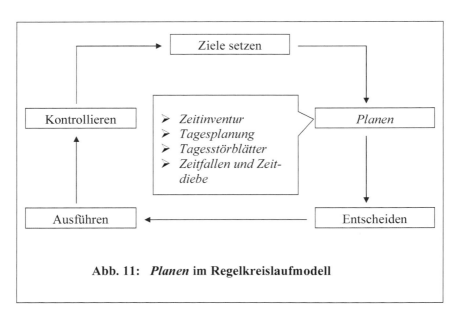

Abb. 11:   *Planen* im Regelkreislaufmodell

Wir unterscheiden drei Arten der Zeitplanung:

1. die Zeitaufwandplanung

2. die Terminplanung (Zeitpunktplanung) und

3. die gemischte Zeitplanung

Fragt ein Kunde: „Wie lange braucht ihr für die Reparatur?" möchte er im Planungsstadium eine Angabe über den voraussichtlichen Zeitaufwand erhalten.

Ermittelt oder schätzt ein Handwerker für durchzuführende Aufgaben zwar die voraussichtliche Durchführungsdauer, legt jedoch nicht fest, wann mit den dazu erforderlichen Arbeiten begonnen werden soll, betreibt er Zeitaufwandplanung.

Die Zeitaufwandplanung bietet dem Handwerker Freiraum für situationsgerechtes Handeln. Fällt beispielsweise eine Maschine aus, kann er sich und ggf. seine Mitarbeiter bis zur Reparatur der Maschine anderweitig beschäftigen. Sein Zeitplan stimmt, wenn er die Arbeit nach der ungewollten Unterbrechung wieder aufnimmt und er in der geplanten Zeitdauer fertig wird. Unser Handwerker hat das Gefühl, die Dinge im Griff zu haben. Seine Freude währt jedoch nur so lange er noch über Pufferzeiten bis zum Endtermin verfügt.

Damit wären wir bei der Terminplanung. Hier wird der Handwerker gefragt: „Wann sind Sie mit den Reparaturarbeiten fertig?" oder aber – was wohl häufiger der Fall ist – er wird auf einen Fixtermin verpflichtet: „Bis Dienstag 10 Uhr müssen Sie fertig sein, dann kommen nämlich ...". Bei seiner Terminplanung legt der Handwerker genau fest, wann mit den Arbeiten begonnen werden soll, damit die Aufgabe termingerecht erledigt wird.

Diese Art zu planen ist wegen der starren Vorgaben wesentlich störanfälliger. Fehlt jetzt ein Ersatzteil, wird der ganze Zeitplan über den Haufen geworfen. Ärger und Verdruss sind vorprogrammiert. Unser Handwerker läuft Gefahr, die ganze Zeitplanung als lästig und störend zu empfinden. Resultat: Er führt sie nicht mehr konsequent durch.

Um eben dies zu vermeiden, empfiehlt sich die gemischte Zeitplanung. Im betrieblichen Alltag sind feste Termine unvermeidlich. Die Wahrnehmung externer Termine, Mitarbeitergespräche, Besprechungen, Abstimmungen mit anderen Abteilungen, Projektmanagement und, und, und ... bestimmte Aufgaben sind ohne feste Termine kaum denkbar.

Mit der gemischten Zeitplanung werden nur solche Aufgaben an feste Zeitpunkte gebunden, die einen Termin unbedingt erfordern. Für alle anderen Aufgaben sichert die Zeitaufwandplanung möglichst viele Freiheitsgrade für situationsgerechtes Handeln.

4.1   Zeitinventur

Ohne konkretes Wissen darüber, welche Tätigkeiten wann anfallen und wie lange sie dauern ist eine gemischte Zeitplanung jedoch wohl kaum möglich. Daher sollte jeder Planung eine Zeitinventur in Form einer Soll/Ist-Analyse der eigenen Tätigkeiten im Tagesverlauf vorausgehen.

Mit einer Zeitinventur ermitteln Sie, wie gut Sie Ihre Zeit im Griff haben, und Sie erfahren, ob bzw., wo es Schwachstellen in Ihrer Tagesplanung gibt. Nutzen Sie die folgenden Arbeitsblätter, um Ihren Arbeitstag zu analysieren!

Um eine erfolgreiche Zeitinventur zu betreiben sind in Anlehnung an das Verfahren der gemischten Zeitplanung fünf Schritte erforderlich:

1. Erfassen der Einzeltätigkeiten

2. Ordnen der Einzeltätigkeiten zu Tätigkeitsblöcken

3. Schätzen der Arbeitszeit pro Tätigkeitsblock

4. Zeitanalyse eines typischen Tages

5. Erkenntnisse aus der Zeitanalyse

4.1.1   Erfassen der Einzeltätigkeiten

Um möglichst viele Ihrer Einzeltätigkeiten zu erfassen, sollten Sie mit sich selbst ein Brainstorming durchführen. Beim Brainstorming (frei übersetzt: Gedankensturm) handelt es sich um eine Methode der freien Ideensammlung.

Alle Tätigkeiten, die Ihnen im Zusammenhang mit Ihrem Arbeitsalltag einfallen, werden schriftlich ohne jegliche Wertung erfasst. Es empfiehlt sich, jede Einzeltätigkeit jeweils auf einer besonderen Karte (DIN A 6 = „Vokabelkärtchen") zu notieren (zur Not tun es auch Zettel gleicher Größe). Die Karten lassen sich in Schritt 2 unserer Zeitinventur dann leichter Tätigkeitsblöcken zuordnen.

Um Ihnen eine Vorstellung davon zu geben, was mit „Einzeltätigkeiten" gemeint ist und um Ihren Gedankenstrom zu zünden – hier einige Beispiele für Einzeltätigkeiten, die mir spontan einfallen, wenn ich an die Tätigkeiten eines Handwerksmeisters denke:

➢ *Aufnahme und Verarbeitung schriftlicher Informationen* aus Zeitungen, Zeitschriften, Büchern, Briefen, Anweisungen, Berichten, fremden Angeboten

> *Verfassen schriftlicher Informationen* wie Gesprächsnotizen, Aktenvermerke, Protokolle, Angebote, Berichte, Briefe, Anweisungen

> *Schriftliche Planung* von Vorgehensweisen zu Arbeitsablauf und Zeiteinteilung, Lösung von Problemen, Planung von Ausgaben

> *Führen von Einzelgesprächen* mit Mitarbeitern, Kollegen, Kunden, anderen

> *Besprechungen*, Leitung oder Teilnahme

> *Telefonate*, Auskunft und Beratung, Informationsbeschaffung

> *Prüfen / Kontrollieren / Überwachen* eigener und fremder Arbeit

> *Leer- und Nebenzeiten*, Kopieren, „Botengänge", Sortierarbeiten, Aufräumen, Plaudereien

Übernehmen Sie bitte für Sie Zutreffendes auf Ihre Karten!

Welche weiteren Einzeltätigkeiten üben Sie im Rahmen Ihrer beruflichen Aufgabenstellung aus? Beschränken Sie Ihr Brainstorming auf maximal 15 Minuten. Nehmen Sie bitte jeden neuen Gedanken auf eine andere Karte. Je mehr Karten, umso besser. So sichern Sie Vollständigkeit.

4.1.2 Ordnen der Einzeltätigkeiten zu Tätigkeitsblöcken

Ordnen Sie die Karten mit Einzeltätigkeiten zu Tätigkeitsblöcken. „Klassische" Beispiele für Tätigkeitsblöcke sind:

> Administration / Verwaltung

> Mitarbeiterführung

> Durchführung von Fachaufgaben

Tragen Sie bitte die Bezeichnungen für Ihre Tätigkeitsblöcke und die diesen zugeordneten Einzeltätigkeiten in das Arbeitsblatt „Zeitschätzung pro Tätigkeitsblock" unter 4.1.3 ein.

4.1.3 Schätzen der Arbeitszeit pro Tätigkeitsblock

Nutzen Sie das Arbeitsblatt zur „Zeitenschätzung pro Tätigkeitsblock" (Abbildung 12) um in der dritten Spalte einzuschätzen, wie viel Prozent Ihrer Arbeitszeit die Tätigkeiten in Anspruch nehmen.

Abb. 12: Arbeitsblatt zur „Zeitschätzung pro Tätigkeitsblock"

Tätigkeitsblock	Einzeltätigkeiten	Arbeitszeit in %

4.1.4 Zeitanalyse eines typischen Tages

Greifen Sie sich für Ihre Zeitanalyse einen Tag heraus, an dessen Verlauf Sie sich noch besonders gut erinnern können und dessen Tätigkeiten etwa Ihrem normalen Arbeitstag entsprechen.

Verwenden Sie das Arbeitsblatt zur „Zeitanalyse" (Abbildung 13), um Ihre Zeit zu analysieren.

Beachten Sie bitte auch die Anmerkungen zu den Spalten des Arbeitsblattes:

„Einzeltätigkeit":

Verwenden Sie hier bitte die gleichen Bezeichnungen wie in der „Tabelle zur Zeitschätzung der Einzeltätigkeiten" unter Schritt 3. Sie können auch gerne Ihre Karten entsprechend dem zeitlichen Verlauf ordnen und dann in die Tabelle zur Zeitanalyse übertragen, z.B.: „Durchsicht des Posteingangs".

„von – bis":

Notieren Sie bitte nur Tätigkeiten, die mindestens 15 Minuten beansprucht haben, z.B.: 08.30 – 08.45.

„Zeitdauer":

unter „IST" notieren Sie die tatsächlich benötigte Zeit in Minuten, z.B.: 15 min,

unter „SOLL" Ihre ursprünglich eingeplante Zeit in Minuten,

unter „% IST" den prozentualen Anteil der Einzeltätigkeit am Tagesgeschäft,

unter „% geschätzt" den geschätzten Zeitbedarf gemäß der „Tabelle zur Zeitschätzung der Einzeltätigkeiten" unter 4.1.3.

„Abweichung":

Errechnen Sie die Differenzen zwischen „IST / SOLL" und zwischen „% IST / % geschätzt".

Bei Überschreitungen verwenden Sie zur Kennzeichnung der Differenz ein „+", für Unterschreitungen ein „–".

„Warum":

Begründen Sie bitte stichwortartig, wie sich die Differenzen erklären.

Einzeltätigkeit	Von – bis	Zeitdauer				Abweichung	Warum?
		IST	SOLL	% IST	% gesch.		

Abb. 13: Arbeitsblatt „Zeitanalyse"

4.1.5 Erkenntnisse aus der Zeitanalyse

In unseren Zeit- und Selbstmanagementseminaren geben viele Handwerker an dieser Stelle der Zeitinventur an, dass

➢ es ihnen schwer gefallen ist, sich daran zu erinnern, was sie an Ihrem typischen Arbeitstag alles getan haben. Manche hatten sogar Schwierigkeiten einen „typischen Tag" zu finden

➢ sie zu viel Zeit für Unwesentliches gebraucht haben, keine Prioritäten gesetzt haben

➢ ihnen deutlich geworden ist, wie oft sie unterbrochen werden

➢ sie ihre Zeit viel genauer vorplanen müssen, wenn sie sie effektiv nutzen wollen

Wenn Sie nun Ihre Erkenntnisse aus der Analyse Ihres Arbeitstages reflektieren, sollten Sie stets Ihren persönlichen Anteil an Unzufriedenheiten mit Ihrem Zeitmanagement hinterfragen. Möglicherweise rührt die eine oder andere Zeitüberschreitung daher, dass Sie dazu neigen

➢ überall unbedingt dabei sein zu wollen

➢ anderen alles Recht machen zu wollen

➢ jederzeit für alle ansprechbar sein zu wollen

➢ alle Probleme sofort aufzugreifen

➢ Ablenkungen dankbar anzunehmen

➢ alle Fakten umfassend wissen zu wollen

➢ Unwichtiges selbst zu bearbeiten

➢ alles spontan und sofort tun zu wollen

➢ alles schnell noch nebenbei zu erledigen

➢ alle Unterlagen gleichzeitig haben zu wollen

Wie dem auch sei – auf keinen Fall sollten Sie sich mit der Zeitinventur allein begnügen. Als Momentaufnahme ist sie jedoch sehr geeignet, Ihnen Hinweise auf Schwachstellen Ihrer Zeitplanung zu liefern.

Überlegen Sie, was Sie tun und wie Sie vorgehen wollen, um Ihr Zeitmanagement zu optimieren. Greifen Sie dazu auf die Zielsetzungstechniken aus Kapitel 3 zurück. Ob, bzw. wie erfolgreich Sie Ihre Zeit in den Griff bekommen, kontrollieren Sie kontinuierlich mit Tagesplänen.

4.2   Tagesplanung

Tagespläne versetzen Sie in die Lage, Ihren Tagesablauf sowohl für geschäftliche als auch für private und sonstige Tätigkeiten optimal zu gestalten. Indem Sie Arbeitsaufwandskontrollen kontinuierlich durch Vergleiche der IST-Aufwände mit den geplanten Aufwänden durchführen, gehen Sie bewusster mit Ihrer Zeit um. Sie erkennen Ihre Zeitfallen und können gezielt gegensteuern.

Sieben Regeln helfen Ihnen, Ihren Tagesplan optimal zu erstellen:

1. Planen Sie am Vorabend den neuen Arbeitstag.

2. Fixieren Sie Ihre Planung schriftlich. Entscheiden Sie dabei selbst, ob Sie hierzu ein Zeitplanbuch verwenden oder lieber mit einer Software arbeiten möchten.

3. Schätzen Sie den Zeitbedarf, setzen Sie Limits.

4. Verplanen Sie 60 % Ihrer Arbeitszeit für eigene Aktivitäten, reservieren Sie 40 % Pufferzeit für Diverses.

5. Notieren Sie Fixtermine für Besprechungen welcher Art auch immer laufend und im Voraus.

6. Halten Sie diejenigen Aktivitäten fest, welche unbedingt erledigt werden müssen, welche zusätzlich erledigt werden sollten und welche erledigt werden könnten, wenn noch Zeit bleibt – kurz: Setzen Sie Prioritäten.

7. Kontrollieren Sie Ihre Vortagesplanung.

Des Weiteren sollten im Zusammenhang mit der Erstellung der Tagesplanung individuelle Fragestellungen entwickelt und schon im Vorfeld Fakten gesammelt werden, die helfen, die zu planende Situation besser einzuschätzen, wie z.B.:

➢ Welche Informationen brauche ich im Vorfeld, was muss abklärt werden, bevor mit der Arbeit begonnen wird?

➢ Welche Schritte folgen aufeinander, wie lange dauern die einzelnen Schritte, was ist beim Übergang von einen auf den nächsten Schritt zu beachten?

➢ Was wird an Material oder Manpower benötigt und welche Kapazitäten stehen aktuell tatsächlich zur Verfügung?

➢ Welche Aufgabe, welche Tätigkeit bringt mich meinem oder unserem Ziel näher?

➢ Welche Aufgaben beinhalten den größten Gewinn?

➢ In welcher Abfolge sind die Aufgaben zeitlich am besten zu lösen?

➢ Wie viel Zeit steht für die Gesamtaufgabe zur Verfügung?

➢ Welche Fristen oder Meilensteine sind zu beachten, bis zu welchen (Zwischen-)Terminen müssen welche (Zwischen-)Ergebnisse abgeliefert werden?

➢ Welche Normen, Regelungen, Gesetzesvorschriften sind zu beachten?

Durch die Beantwortung solcher Fragen erhalten Sie einen realistischen Zeitplan. Sind verschiedene Abläufe über mehrere Personen hinweg zu organisieren, ist die Verwendung von Instrumenten zu empfehlen, die neben der Planung zusätzlich die Darstellung, Kontrolle und Steuerung erleichtern. Aus dem Projektmanagement und dem Controlling sind entsprechende Instrumente (PERT-Diagramm, Netzplan- oder Gantt-Technik) bekannt, mit deren Hilfe sich das zeitliche Nacheinander von Abläufen oder der Bearbeitungsstand einzelner Aufgaben visualisieren und optisch strukturieren lässt. Das sorgt für Übersichtlichkeit, erleichtert die Kommunikation und schafft Transparenz und Klarheit.

Um diese Kriterien auf die Analyse und das Controlling im persönlichen Arbeitsbereich anzuwenden, reichen in vielen Fällen bereits die Standardfunktionen in MS-Office Excel oder MS-Office Outlook völlig aus. Mit Hilfe dieser Funktionen, können Planungsdaten, Übersichten und Ablaufdarstellungen erstellt und verwaltet werden. Um das Prinzip zu demonstrieren ist in Abb. 14 ein GANTT-Analyse-Diagramm (exemplarisch für die Kontrolle des Status von Teilprojekten) dargestellt.

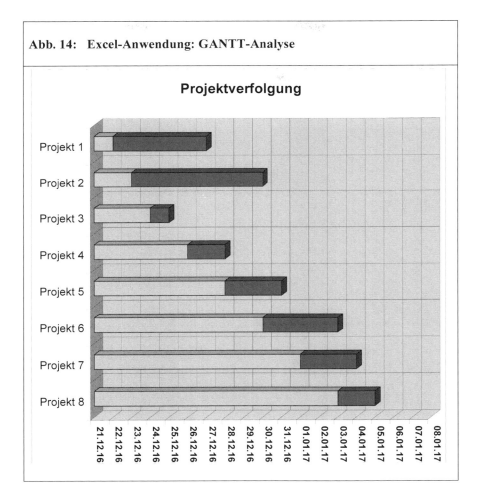

Abb. 14:   Excel-Anwendung: GANTT-Analyse

Neben der dargestellten Projektverfolgung lassen sich durch die Nutzung einfacher Excelfunktionen beispielsweise Finanzanalysen, persönliche Parameter zur
Fitness-Kontrolle abbilden. Mittels MS-Office Outlook können Listen mit Zielen inklusive Meilensteinkontrollen erstellt werden. Die Anwendungsmöglich-
keiten sind äußerst vielfältig und sie können sowohl zur Analyse als auch für das
Controlling (Erreichen von Zwischenzielen) eingesetzt werden.

Überall dort, wo Planung und Koordination erforderlich sind, lohnt sich der Einsatz von EDV-Programmen, weil Kontrolle und Steuerung erleichtert werden, Prozesse und Abläufe transparenter werden und so laufend Abgleiche zeitlicher oder anderer relevanter Eckdaten abrufbar sind. Wichtig ist hier allerdings die Wesentlichkeit.

Es geht nicht darum, tausende von Applikationen verfügbar zu haben, sondern die wesentlichen Informationen, die für die Planung erforderlich sind, auf Knopfdruck abrufen zu können. Der Vorteil ist immer dann gegeben, wenn Informationen gezielt genau dann abgerufen werden können, wenn sie benötigt werden. Wenn durch unüberlegte Datensammlung und das Anlegen von nutzlosen Statistiken ein virtuelles Paralleluniversum von Zahlen und Datenfriedhöfen entsteht, dann wurde eindeutig über das Ziel hinaus geschossen. Überplanung ist nicht das Ziel effektiven Zeitmanagements.

Es reicht nicht, Instrumente für die Planung oder Analyse von Problemen zu kennen, sie müssen auch sachgerecht eingesetzt und angewendet werden. Daher ist es von Vorteil, wenn Sie an die Verbesserung Ihres Zeitmanagements herangehen möchten, zunächst Ihr Arbeitsverhalten systematisch zu überprüfen und zu analysieren. Die Anwendung der hier skizzierten Instrumente können Sie dabei unterstützen, eigenes Verhalten kritisch zu hinterfragen, um es dann zu verbessern.

Für den Erfolg eines Handwerkerteams ist oft entscheidend, ob es gelingt, bei der Planung das Wissen und die Erfahrung aller Kollegen und Mitarbeiter für anstehende Projekte einzubeziehen. Ein bedeutender Faktor für die Planung mit dem gesamten Team ist die Fähigkeit, eine Gruppe zu moderieren, d. h. die Gruppenmeinungen und -erfahrungen aller Mitglieder zu erfassen, zu visualisieren, zu ordnen (systematisieren) und auszuwerten.

Durch die Visualisierung der Meinungen und Erfahrungen und das systematische Aufbereiten der zugänglichen Informationen zu einem Thema oder Gegenstand, schafft der Moderator die Ausgangsbasis für Entscheidungen oder Problemlösungen, die auch für die Planung nützlich sind. Allgemein gesagt, wird durch eine geeignete Moderation das Wissen und die Erfahrung aller Teammitglieder transparent, ein Umstand, der bedeutsam für anstehende Entscheidungen oder andere Planungsgegenstände sein kann.

Durch Anwendung der Moderationsmethode zur Unterstützung der Planung kann das Wissen und die Erfahrung aller Beteiligten zum Planungsgegenstand abgerufen werden. Es ist häufig der Fall, dass Mitarbeiter über Detailwissen und Erfahrungen verfügen, die für alle Beteiligten zugänglich sein sollten, bevor es an die Ausführung und Umsetzung geht. Wird auf die Erfahrung der Mitarbeiter aus Unkenntnis oder Gründen der Selbstüberschätzung verzichtet, können später Fehler oder Störungen auftreten, die bei Kenntnis aller relevanten Informationen vermeidbar gewesen wären.

Ein weiterer Vorteil der Einbeziehung aller beteiligten Teammitglieder besteht auch darin, dass sich das Team stärker mit einer Aufgabe identifiziert, wenn alle, die es betrifft, über die Rahmenbedingungen und Umstände genau Bescheid wissen und die Mitarbeiter den Eindruck erlangen, dass ihre Fachkompetenz und ihr Urteil gefragt sind. Nicht wenige Projekte laufen „unrund", weil sich Mitarbeiter zu wenig mit den Projektzielen identifizieren oder den Teammitgliedern der Gesamtüberblick fehlt.

Sinnvolle Planung zeichnet sich deshalb dadurch aus, dass technische und methodische Hilfsmittel eingesetzt werden, um gezielt Informationen und Sachverhalte, deren Kenntnis für das Projekt wichtig sind, aufzubereiten, so dass hohe Motivation und Identifikation bei den Beteiligten erreicht werden. Mitarbeiter müssen sich schlicht und einfach selbst davon überzeugen können, dass es sich lohnt, Energie in ein neues Projektvorhaben zu investieren. Die allseitige Information und der Austausch mit den Betroffenen unterstützt die Glaubwürdigkeit der Maßnahme und schafft Verbindlichkeit. Daher sind unter den Planungsmethoden vor allem diejenigen als sinnvoll anzusehen, die helfen, die Akzeptanz derjenigen zu sichern, die die Aufgaben später umsetzen müssen.

Für die Planung von (Projekt-)Teamzielen wird dieser bedeutsame Zusammenhang in der Formel

E(rfolg) = **Q**(ualität) **mal** **A**(kzeptanz)

kurz und treffend zum Ausdruck gebracht.

Die Formel besagt, dass bei der Planung die Faktoren *Qualität* und *Akzeptanz* gleichermaßen zu beachten sind. Eine Idee kann noch so brillant sein, sie wird nur dann zum Erfolg, wenn sie von den ausführenden Mitarbeitern akzeptiert, also einerseits verstanden und andererseits als wichtig erachtet wird.

Wenn es eine Führungskraft nicht versteht, die Flamme für das Projekt zum Brennen zu bringen, ist der Erfolg in Gefahr. Somit umfasst die Planung in Gruppen immer auch „weiche" Faktoren: Motivation, Identifikation, Akzeptanz und Miteinander. Werden diese Bedingungen beachtet, dann brennt die Flamme lichterloh.

Es kommt also wiederum auch hier auf das Fingerspitzengefühl des leitenden Handwerkers an. Der Planungserfolg in Gruppen ist eng verbunden mit der sozialen Kompetenz des Entscheiders: Informationen anbieten, wo sie notwendig sind, Aufklärung und angemessene Hilfestellung leisten, wo sie erforderlich ist. Kurz: Betroffene zu Beteiligten zu machen. Auch das Erzeugen von Beteiligung gehört zum Planungsprozess dazu.

Sollte es dann trotz aller Sorgfalt, die bei der Planung an den Tag gelegt wurde, dennoch schief gehen, liegt es an Bedingungen, die vorher nicht richtig eingeschätzt werden konnten. Vielleicht wurden auch Details falsch gewichtet oder bestimmte Voraussetzungen wurden nicht richtig erkannt und eingeschätzt. Es kann aber auch an Zeitfressern gelegen haben, denen man mit Tagesstörblättern auf die Spur kommen kann.

4.3   Tagesstörblätter

Während Zeitinventuren und Tagespläne Störungen und Unterbrechungen im Tagesverlauf aufdecken, erfassen Tagesstörblätter neben der Art, wie häufig und regelmäßig sie vorkommen, ihre Ursachen und Auswirkungen. Zeitdiebe werden sichtbar und können gezielt angegangen werden.

Zur Bearbeitung des Arbeitblattes „Störungen im Tagesverlauf" (Abbildung 15) wählen Sie bitte drei möglichst repräsentative Arbeitstage, an die Sie sich gut erinnern können. Tragen Sie bitten alle Störungen und Unterbrechungen in Ihr Tagesstörblatt ein.

Beachten Sie, dass Störungen zum Einen von außen in Form von Telefonaten, Wartezeiten u. Ä. auftreten können. Zum Anderen sind jedoch auch Störungen von innen möglich, z.B. spontane Aktivitäten, Konzentrationsschwäche, ungeplante gedankliche Beschäftigung mit einer anderen Tätigkeit oder einem anderen Thema usw.

Abb. 15: Arbeitsblatt „Störungen im Tagesverlauf"

Nr.	Von – bis	Dauer (min)	Art der Störung	Grund	Auswirkung

4.4   Zeitfallen und Zeitdiebe

TN: „Mit den drei Methoden der Zeitplanung ist es mir nun gelungen, zu erkennen wo ich ansetzen sollte, um mein Zeitmanagement zu optimieren. Das Ganze ist ja auch schön und gut – nur, was hilft mir die Erkenntnis, dass ich immer wieder in die eine oder andere Zeitfalle hineinfalle, wenn ich nicht weiß, wie ich da herauskomme? Oder anders gefragt: Ich habe jetzt meine Zeitdiebe eindeutig identifiziert – und wie soll ich jetzt bitte gegensteuern?"

BT: „Aus langjähriger Beratungspraxis weiß ich, dass in der Hektik des betrieblichen Alltags vielerorts gleiche Zeitfallen auftauchen und ähnliche Zeitdiebe lauern. Ich vertraue darauf, dass auch Ihre Fragen bearbeitet werden, wenn ich die meistgenannten Zeitfallen und Zeitdiebe thematisiere, mögliche Ursachen herausarbeite und Gegenmaßnahmen vorschlage.

Hier die häufigsten Zeitfallen und Zeitdiebe im Überblick:

1. Unklare Ziele
2. Ungeplante externe Störungen (Telefonate, unangemeldete Besucher)
3. Zu wenig effektive, zu lange Besprechungen
4. Zu viele, zu lange Telefonate, belanglose Inhalte
5. Zu viel Plauderei
6. Untergehen in der Informationsflut
7. Arbeit anderer tun
8. Routinearbeiten, persönliche Gewohnheiten
9. Schwächen der Mitarbeiter
10. Perfektionismus, Pedanterie
11. Schlechte Arbeitsplatzorganisation, Durcheinander
12. Unentschlossenheit
13. Wartezeiten und Verzögerungen durch EDV
14. Unrealistische Zeitplanung: zu viel soll in zu kurzer Zeit erledigt werden
15. Spontanes Handeln, Ungeduld."

4.4.1   Unklare Ziele

Eigentlich dürften Sie in diese Zeitfalle nicht mehr hineintappen, wenn Sie sich bei Ihrer Zielsetzung an der in Kapitel 2 vorgeschlagenen systematischen Vorgehensweise orientieren. Ziele bleiben nämlich genau dann unklar, wenn die Kriterien für wohlgeformte Ziele nicht erfüllt und kein präziser Aktionsplan formuliert wird.

In einem Personalauswahlgespräch schilderte mir ein frischgebackener Handwerksmeister sein Leitbild:

„Ich stelle mir vor, mit meiner jetzigen Freundin und mindestens drei Kindern in einem alleinstehenden Bruchsteinhaus irgendwo in der Voreifel zu leben. Ich werde nach wie vor viel unterwegs sein, kann aber auch so manches von zu Hause aus erledigen."

Seinem Leitbild angepasst hatte er sich sowohl kurz-, mittel- und langfristige Ziele überlegt und genau darüber nachgedacht, wie er sie erreichen wollte. Ich stellte nur eine Frage: „Und das schaffen Sie alles aus eigener Kraft?" Als er leicht verunsichert bejahte, hinterfragte ich: „Absolut sicher?" Nun ja, seine Freundin müsse natürlich mitziehen ... Er musste erkennen, dass er die Rechnung ohne die Wirtin gemacht hatte.

Ich machte ihn mit den Kriterien für wohlgeformte Ziele vertraut. Er korrigierte daraufhin seine Ziele, wobei er besonders darauf achtete, dass er sie auch „eigenhändig" erreichen konnte. Ich wies noch darauf hin, dass er Prioritäten setzen und seine Tagesplanung daraufhin ausrichten solle.

Als wir uns später bei einem Führungsnachwuchstraining wiedertrafen, sprachen wir auch über seine zwischenzeitlichen Erfahrungen. Er beklagte, dass er nun zwar wohlgeformte Ziele mit genau beschriebenen Aktivitäten zur Zielerreichung habe, es seitdem aber vermehrt zu Berufs-Freizeit-Konflikten komme.

Sein Fehler lag darin, dass er seine privaten und beruflichen Ziele nicht harmonisch abgestimmt hatte. Um seine Vision möglichst schnell zu erreichen, hatte er verstärkt auf berufliche Aktivitäten gesetzt und damit sein Privatleben arg vernachlässigt. Indem er seine Prioritäten neu überdachte und seine Zeitplanung entsprechend anpasste, konnte er zufriedener mit sich und konfliktfreier sowohl im beruflichen als auch im privaten Kontext agieren.

Anders als Ihr junger Kollege brauchen Sie nicht erst aus Fehlern lernen. Halten Sie sich an die in Kapitel 2 beschriebene systematische Vorgehensweise. Legen Sie Ihre Ziele genau fest, setzen Sie darauf ausgerichtet Prioritäten für berufliche *und* private Ziele. Übernehmen Sie Ihre Maßnahmen zur Zielerreichung in Ihren Tagesplan. Die Zeitfalle „Unklare Ziele" wird für Sie keine Rolle mehr spielen, Berufs-Freizeit-Konflikte an Gewicht verlieren. Sie müssen nicht aus Erfahrung klug werden, im Gegenteil – durch Ihre positiven Erfahrungen bei erfolgreicher Zielsetzung werden Sie selbst nicht nur zufriedener, sondern auch motivierter zu Werke gehen.

4.4.2 Ungeplante externe Störungen (Telefonate, unangemeldete Besucher)

Kürzlich rief ich in einem größeren Handwerksbetrieb wegen der Organisation eines Teamentwicklungstrainings an. Zu meiner Überraschung war der Geschäftsinhaber gleich selbst am Apparat, obwohl ich seine Durchwahlnummer nicht gewählt hatte.

Als ich mich wegen meines unangemeldeten Anrufes entschuldigte, meinte mein Gesprächspartner: „Das ist keine Störung für mich. Sehen Sie, meine Assistentin ist im Augenblick nicht am Platz. Natürlich nehme ich da die Anrufe entgegen – Sie hätten ja auch ein Kunde sein können. Und da will ich nicht versäumen, präsent zu sein. – Sie wissen ja selbst, wie hart der Wettbewerb in unserer Branche ist. Legt ein Kunde auf, könnte er für uns verloren sein – und das will ich auf jeden Fall vermeiden."

Wenn wie im Beispiel der Kunde höchste Priorität erhält, sollte er folgerichtig auch nicht als Störung wahrgenommen werden. Möglicherweise wäre das Leben zwar ohne ihn erträglicher, aber wohl kaum einträglicher. In einer stark kundenorientierten Dienstleistungsbranche ist es eine Frage des Überlebens, Zeit für den Kunden zu haben.

Eine Faustregel lautet: Jeder unzufriedene Kunde spricht mit zehn anderen darüber, wenn er beispielsweise schlecht beraten wurde. Zufriedene Kunden unterhalten sich demgegenüber nur mit drei anderen über positive Erfahrungen. Insofern tut ein jeder gut daran, seine Kunden nicht als Zeitdiebe aufzufassen. Da sind „Geduld und Spucke" gefordert.

Schließen wir also den Kunden als „ungeplante, externe Störung" aus und wenden uns lieber allen anderen Zeitdieben zu, die uns mit Telefonaten und ungeplanten Störungen die Zeit stehlen. Gemeint sind zum Einen all die, oft genug gut geschulten Berater und Verkäufer, die uns dies und das anbieten oder verkaufen möchten. In Frage kommen aber auch all die netten Mitarbeiter, Kollegen und Vorgesetzten, die nur ganz kurz mal eben reinschauen oder anrufen, um über dies oder jenes mit Ihnen zu sprechen.

Solche Zeitdiebe sind besonders dort erfolgreich, wo ein „Haus der offenen Tür" betrieben wird, indem jedes Telefonat entgegengenommen wird. Zwei Gegenmaßnahmen liegen auf der Hand:

1. Verkaufs- und Beratungsgespräche nur nach Vorabstimmung
2. „Stille Zeiten" schaffen

Wie sieht es bei ihnen aus?

1. Werden Sie vor ungeplanten externen Besuchen oder Telefonaten gut abgeschirmt?

2. Sprechen Sie mit externen Beratern und Verkäufern nur nach Vorabstimmung?

3. Haben Sie „stille Zeiten"?

4. Ist für Ihre Mitarbeiter, Kollegen und Vorgesetzten klar erkennbar, wann Sie ungestört arbeiten möchten?

5. Werden Ihre „stille Zeiten" von allen respektiert?

Wenn Sie eine der fünf Fragen verneinen – fragen Sie sich bitte selbstkritisch, woran es liegen kann, dass in diesem Punkt (noch) Handlungsbedarf besteht.

Kann es vielleicht sein, dass Sie sich gerne stören lassen? Betrachten wir das Ganze doch einmal anders herum! Störungen haben nämlich auch Vorteile:

Sie sind immer mitten im Geschehen, wenn Sie durch Ihre offene Tür verfolgen können, was sich alles im Haus abspielt. Interne Zeitdiebe halten Sie über Firmenspezifisches, externe über den Stand der Technik, die Wettbewerber etc., etc. ständig auf dem Laufenden – Sie sind immer auf Ballhöhe.

Außerdem – Mitarbeiter, Kollegen und nicht zuletzt Ihr Chef schätzen es, wenn Sie jederzeit ansprechbar sind. Sie erhalten nicht nur positives Feedback, Ihnen wird auch das Gefühl vermittelt, gebraucht zu werden – ein hoher sekundärer psychologischer Nutzen. Man stelle sich nur einmal vor, niemand würde Sie stören – nicht auszudenken! Oder?

4.4.3 Zu wenig effektive, zu lange Besprechungen

Ich habe bislang noch keinen Handwerker kennen gelernt, der nicht über wenig effektive abteilungsübergreifende Besprechungen stöhnte. Viele klagen auch über zu lange Besprechungszeiten im eigenen Bereich.

Führungskräfte in gehobenen Positionen der Industrie geben an, dass sie 50 % und mehr ihrer Arbeitszeit in zu vielen, zu langatmigen, teils überflüssigen, oft wenig ergiebigen Besprechungen verbringen. Selbstironisch sprechen sie davon, dass sie „Management by IBM" praktizieren = Immer Bei Meetings. Meetings selbst werden als Sitzungen definiert, in die viele hineingehen und bei denen wenig herauskommt.

Möglicherweise schmunzeln auch Sie wie viele Ihrer Kollegen in meinen Veranstaltungen zustimmend zu solchen Äußerungen. Lange, ineffektive Besprechungen sind weit verbreitet, ein hinreichend bekanntes, grundlegendes Problem in allen Branchen. Und das, obwohl jedem im Grunde klar ist, was diesen Zeitdieb so stark macht.

Im Einzelnen stören sich viele Handwerker vor allem an folgenden Punkten:

➢ mangelnde Vorbereitung

➢ unklare Zielsetzung

➢ ungleicher Informationsstand

➢ zu lange Anlaufzeit

➢ zu lange Monologe, Weitschweifigkeit

➢ Abweichungen vom Thema

➢ Diskussion von Nebensächlichkeiten

➢ Festhalten an Details

➢ Versteckte Machtkämpfe

➢ Mangelnde Ergebnissicherung

Kurzum – wenn Besprechungen zum Zeitdieb werden, liegt dies neben unklaren Zielen und mangelnder Vorbereitung aller Beteiligten nicht zuletzt an unzureichender Leitung der Besprechung.

Gleich, ob Sie nur an einer Besprechung teilnehmen oder aber Sie selbst sie leiten – wollen Sie dem Zeitdieb „Zu wenig effektive, zu lange Besprechungen" zu Leibe rücken, sollten Sie zunächst bei sich selbst anfangen, indem Sie für Besprechungen Ihre Ziele festlegen und beachten. Bereiten Sie sich selbst genau vor und drängen Sie bei anderen darauf, dies auch zu tun. Nehmen Sie sich in die Pflicht, die Leitung von Besprechungen kontinuierlich zu optimieren. Geben Sie selbst ein gutes Beispiel – optimieren Sie das Management Ihrer Besprechungen.

Durch konsequente Zielsetzung, Planung, Führung und Kontrolle der gemeinsamen Besprechungszeit werden Ihre Besprechungen effektiv. Beachten Sie beim Management Ihrer Besprechungen sechs Punkte, die sich in der betrieblichen Praxis besonders gut bewährt haben:

1. Zielsetzung:

Legen Sie fest, was genau Sie erreichen wollen. Definieren Sie, ob es sich um eine Besprechung zur Informationsvermittlung, zur Problemlösung oder zur Entscheidungsfindung handelt. Bestimmen Sie für jeden Besprechungstyp ein eindeutiges, messbares Erfolgskriterium.

2. Vorbereitung:

Stellen Sie eine gute Organisation (Technik, Raum) und inhaltliche Vorbereitung (Tagesordnung, Informationen) sicher.

3. Zeitrahmen:

Bestimmen Sie einen genauen Zeitrahmen und halten Sie ihn auch konsequent ein. Die optimale Dauer liegt bei 60 Minuten, maximal 90 Minuten. Bei längeren Besprechungen sollte spätestens nach 90 Minuten eine Pause eingelegt werden.

4. Selbstdisziplin:

Achten Sie während der gesamten Sitzung darauf, dass Sie als Besprechungsleiter und alle anderen Teilnehmer Selbstdisziplin wahren. Hilfreich sind Besprechungsregeln, die allseitig akzeptiert und beachtet werden.

5. Visualisierungshilfen:

Handwerker denken in Bildern. Ihre Sprache ist die Zeichnung. Sie müssen sehen, was zu tun ist. Benutzen Sie deshalb Visualisierungshilfen. Notieren Sie stichwortartig Diskussionsbeiträge für alle sichtbar.

6. Ergebnissicherung:

Erstellen Sie einen handschriftlichen Aktionsplan (Wer macht was bis wann?), um Ihre Ergebnisse zu sichern. Fotokopieren Sie den Plan und geben Sie ihn am Ende allen Besprechungsteilnehmern mit. Hier wäre auch ein Beamer nützlich.

In einer Reihe von Gewerbebetrieben haben wir sehr gute Erfahrungen mit Workshops gemacht, in denen sich die Teilnehmer auf verbindliche Spielregeln für die Verbesserung ihrer Kommunikation einigten (vgl. Abb. 16 und 17).

**Abb. 16:   Spielregeln für die Verbesserung unserer Kommunikation
in Gesprächen und Besprechungen**

1.
Unsere Aussagen sind offen und ehrlich

2.
Wir hören dem Anderen zu und unterbrechen ihn nicht!

3.
Unsere Aussagen sind kurz und prägnant!
Vielreden ist kein persönliches Qualitätsmerkmal

4.
Wir vermeiden „Nebengespräche"!

5.
Der „Chef" spricht weniger, bzw. stellt Fragen
und gibt so den Anderen die Möglichkeit zum Sprechen!

6.
Wir bemühen uns, nicht vom Thema abzuschweifen!

7.
Jeder Beitrag wird ernst genommen!

8.
Wir wollen versuchen, unsere vorgefasste Meinung loszulassen
und uns auf andere Gedanken einzustellen!

9
Gegenargumente werden ernsthaft und fair abgewogen!

10.
Wir vermeiden persönliche „Angriffe", denn wir wollen Lösungen finden
und nicht den Schuldigen!

11.
Jeder hat die Verantwortung
für die Einhaltung der Spielregeln und Verhaltensweisen!

Abb. 17:   **Spielregeln zum besseren Umgang mit Kritik**

1.

Wir wollen mehr Selbstkritik üben und so durch Verbesserung
der eigenen Arbeitsqualität der Kritik von außen vorbeugen.

2.

Wir wollen andere nicht durch Kritik verletzen, sondern ein Problem lösen.

3.

Wir wollen nicht kleinlich kritisieren.

4.

Wir wollen durch Offenlegen von Zusammenhängen
und Weitergeben von Information Kritik entgegenwirken.

5.

Wir wollen Fehler eingestehen
und gemeinsam nach Lösungsmöglichkeiten suchen.

6.

Wir wollen nicht nur kritisieren,
sondern auch Leistungen anerkennen und dadurch Vertrauen aufbauen.

7.

Wir wollen nicht spontan kritisieren, sondern nehmen uns Zeit, durch
Informieren und Analysieren die Zusammenhänge vorher zu verstehen.

8.

Wir wollen nicht nur kritisieren,
sondern bringen auch Lösungsvorschläge ein.

9.

Wir wollen uns gegenseitig ansprechen,
wenn wir wieder in alte Verhaltensweisen zurückfallen.

10.

Jeder ist für die Umsetzung dieser Spielregeln verantwortlich.

Die Spielregeln hängen in jedem Besprechungsraum – für alle verbindlich und von allen mitgetragen und gelebt!

Die konsequente Beachtung der sechs Punkte zum Besprechungsmanagement und die Einhaltung der zitierten Spielregeln senkten die Besprechungszeiten in diesem Gewerbebetrieb bei verbesserter Effektivität um 18 %.

4.4.4   Zu viele, zu lange Telefonate, belanglose Inhalte

Wer in die Zeitfalle „Zu viele, zu lange Telefonate, belanglose Inhalte" hineintappt, sollte – bevor er die Schuld bei anderen sucht – in erster Linie selbstkritisch fragen, inwieweit er seine eigenen Telefonate plant, wie gut es ihm dabei gelingt, sich auf das Wesentliche zu konzentrieren und wie straff seine Gesprächsführung ist.

Wollen Sie dieser Zeitfalle ausweichen, benötigen Sie vor allem Selbstdisziplin. Indem Sie nachdenken, bevor Sie zum Hörer greifen, eigene Telefonate sorgfältig vorbereiten und eine klare Linie verfolgen optimieren Sie Ihr Gesprächsverhalten. Je besser Sie in der Lage sind, eigene Telefongespräche bewusst zu steuern, umso mehr wird es Ihnen auch gelingen, entgegenkommende Anrufe ökonomisch und verbindlich abzuwickeln. Gut vorbereitet reduzieren Sie die Anzahl eigener Telefonate und erzielen bessere Gesprächsergebnisse. So bereiten Sie Ihre Gespräche sorgfältig vor:

➢ Legen Sie Ihr Schreibzeug zurecht.

➢ Sorgen Sie für eine störungsfreie Umgebung.

➢ Konzentrieren Sie sich auf Ihr Telefonat, indem Sie sich fragen:

  ➢ Worum geht es (Sache)?

  ➢ Was soll erreicht werden (Ziel)?

  ➢ Wie soll das Ziel erreicht werden (Vorgehen)?

  ➢ Wer ist der richtige Gesprächspartner (Person)?

➢ Stellen Sie sicher, über alle notwendigen Informationen zu verfügen.

➢ Klären Sie ggf. Ihre Entscheidungsbefugnisse.

➢ Benutzen Sie nach Möglichkeit die Durchwahlnummer (bzw. erfragen Sie diese, sollte ein weiteres Gespräch erforderlich sein).

> Überlegen Sie auch, wen Sie bei Abwesenheit Ihres Gesprächspartners spre-
chen möchten, sowie eine Nachricht (auf Anrufbeantworter) für den abwe-
senden Wunschpartner, günstige Zeitpunkte zum Rückruf.

Übrigens – so wie es günstige Zeitpunkte gibt, an denen Sie gut erreichbar sind,
finden sich auch für andere passende Telefonzeiten. Viele vergebliche Versuche
lassen sich vermeiden, wenn das Gespräch richtig terminiert wird. Notieren Sie
deshalb die Zeiten, zu denen Ihre wichtigsten und häufigsten Gesprächspartner
gut telefonisch erreichbar sind.

Wer in der Regel wann am besten telefonisch erreichbar ist, entnehmen Sie bitte
der Infoliste „Telefonzeiten" (Abbildung 18).

Abb. 18:   Infoliste „Telefonzeiten"

Privat	Nur in äußerst dringenden Fällen zwischen 13.00 und 15.00 Uhr oder nach 20.00, nicht vor 8.00 Uhr
Einzelhandel	8.30 –10.00, 14.30 – 15.30, 19.00 – 20.00
Großhandel	8.00 – 11.00, 14.00 – 15.30
Handelsvertretungen	8.00 – 9.30, 17.30 – 20.00
Industrie	8.30 – 11.00, 14.30 – 16.00
Handwerker	7.00 – 9.00, 16.00 – 18.00
Ärzte	8.30 – 9.30, 13.00 – 15.00, 19.00 – 20.00
Rechtsanwälte	8.00 – 9.00, 14.00 – 16.30
Öffentlicher Dienst	Ungünstig nach 15.45 Uhr
Selbstständige	Günstig bis 19.00
Ungünstige Wochentage	Montag mit 60 % und Freitag mit nur 52 % Erreichbarkeit

Bei besonders wichtigen Telefonaten empfehle ich Ihnen, Ihre Gespräche
schriftlich vorzubereiten. Verwenden Sie dazu das Arbeitsblatt „Gesprächsvorbereitung" (Abbildung 19) auf der Folgeseite!

„TP" steht dort für Telefonpartner. Tragen Sie bitte Name, Funktion und Titel
ein. Bei „Termin" wählen Sie den bestmöglichen Zeitpunkt und notieren Beginn
und Dauer des Gespräches. Unter „Thema" benennen Sie den Anlass.

Da schon die ersten Sekunden über den weiteren Gesprächsverlauf entscheiden,
sollten Sie bei „Einstieg" wohl überlegt notieren, wie Sie das Gespräch eröffnen
möchten.

Bei „Ziel" legen Sie klar, präzise und messbar Minimal- und Maximalziele fest. Ihre Argumentation (vor allem bei möglichen Einwänden) halten Sie unter „Vorgehen" fest.

Für zukünftige Gespräche ist ein „Positiver Ausklang" bedeutungsvoll – er bleibt gut im Gedächtnis und bildet den Grundstein einer verbindlichen Beziehung. Notieren Sie eine durchdachte Formulierung unter „Ausstieg".

Abb. 19:   Arbeitsblatt „Vorbereitung wichtiger Telefongespräche"
TP
Termin
Thema
Einstieg
Ziel
Argumentation
Ausstieg

Unabhängig davon, wie wichtig das Gespräch für Sie ist – die skizzierte Vorgehensweise sollten Sie stets im Auge behalten – auch wenn Sie Ihre Gesprächsvorbereitung nicht so ausführlich gedanklich strukturieren und schriftlich fixieren. ren.

So wie Arbeitsblätter bei der Gesprächsvorbereitung eigener Telefonate helfen, sind gut strukturierte Telefonnotizblätter für die Entgegennahme von Telefongesprächen nicht nur sinnvoll, sie vermindern unnötiges Nachfragen und helfen so Zeit sparen. Hier gibt es inzwischen unzählige gut geeignete fertige Vordrucke. Ein besonders gelungenes Exemplar habe ich in einer mittelständischen, hessischen Firma entdeckt (Abbildung 20).

Abb. 20: **Dellefun-Zerrel** (Original-Ton: *Name des Firmeninhabers*)

Doog: Tag	wichdich wichtig	
Zeit: Zeit	net so wichdich nicht so wichtig	
Geschwatzt met: gesprochen mit	dummes Zeich überhaupt nicht wichtig	
	reift werre u ruft wieder an	
	müsse mer werre uräufe wir rufen wieder an	
Dellefun-Numma: Telefon-Nummer	hun mer gemoochd erledigt	
Dos wulle se hun: Bedürfnisse		

4.4.5 Zu viel Plauderei

Ein Juniorunternehmer erzählte mir, dass er nach seinen Erfahrungen als „Wandergeselle" nun in die Fußstapfen seines Vaters getreten sei und die Leitung des elterlichen Betriebes übernommen habe. Von seinem Vater habe er sich ein allmorgendliches Begrüßungsritual abgeschaut. Auf seinem Weg über den Bauhof ins Büro gehe er bei den Mitarbeitern kurz vorbei, um sie zu begrüßen und sich zu erkundigen, wie es denn so läuft.

In seiner Firma könne man stolz auf lange Traditionen zurückblicken, ganze Familien seien über Generationen bei ihnen beschäftigt. Da gehöre es einfach zum Stil des Hauses solche Rituale zu pflegen. Die Mitarbeiter würden sich ansonsten doch stark vor den Kopf gestoßen fühlen – nur: Der Senior sei morgens dreimal so schnell mit seiner Runde fertig – wenn er nur wüsste, wie sein Vater das immer nur wieder geschafft hatte?

Natürlich sind solche „Management-by-walking-around" - Techniken nicht nur wichtig für die Stimmung im Betrieb, sie verbessern auch Mitarbeiterzufriedenheit und Leistungsbereitschaft. Das war auch dem Senior klar – sonst hätte er wohl kaum über die Jahre seine morgendliche Runde gepflegt. Nur – er kennt seine Mitarbeiter lange genug, um zu wissen, wie er sie zu nehmen hat. Er weiß, wann Gefahr besteht, dass der freundliche Small Talk zur ausufernden Plauderei wird. Und er versteht es auch, rechtzeitig gegenzusteuern oder weiterzugehen, ohne dass sein Gegenüber sich verletzt fühlt.

Das Verhalten des Seniors liefert ein Lernmodell für den Junior. Da kein Apfel weit vom Stamm fällt, sollte auch der Junior können, was dem Senior gelungen ist. Diesem Gedankengang folgend führte sich unser Jungunternehmer noch einmal rückschauend das Verhalten seines Vaters bei den morgendlichen Rundgängen vor Augen. Dabei erinnerte er sich an eine Äußerung seines Vaters:

„Dieser Rundgang über den Hof ist gut für die Seele. Für meine und für die meiner Männer. Wenn du mal die Firma übernimmst, solltest du das weitermachen. Nur – lass dich nicht zum Schwätzen verführen. Von Anfang an habe ich darauf geachtet, dass mein Rundgang nie länger als eine Viertelstunde dauert. Irgendwie hat sich das denn von allein eingespielt. Die würden ganz schön blöd gucken, wenn ich mich länger bei ihnen aufhielte."

Besser kann man es wohl kaum auf den Punkt bringen, wenn man dem Zeitdieb „Zu viel Plauderei" Einhalt gebieten möchte.

Plaudereien können gemütlicher sein als arbeiten. Oft genug versuchen andere, uns zu verführen, in dem sie genau die Themen ansprechen, die uns zurzeit auf den Nägeln brennen. Hier ist dann Selbstdisziplin gefordert.

In Anlehnung an den Volksmund – merke: „Ein kurzes Schwätzchen in Ehren will niemand verwehren", doch genug der Plauderei – gönnen Sie sich hier und da einen Small Talk zur Entspannung, doch achten Sie darauf, Ihre Plaudereien zeitlich klar zu beschränken.

4.4.6   Untergehen in der Informationsflut

Vor der modernen Informationsgesellschaft sind natürlich auch Handwerker nicht gefeit. Informationen werden werbewirksam angeboten, sind über elektronische Medien ständig verfügbar und abrufbar und das in nie da gewesener Fülle. Es ist gang und gäbe, seine Dienstleistungen auf eigenen Websites anzubieten.

Neben der ständig wachsenden Informationsmenge, auf die wir über elektronische Medien zugreifen, erreichen uns tagtäglich mündliche und schriftliche Informationen, die wir zu bearbeiten haben. Weit entfernt vom „papierlosen Büro" werden wir von Informationen nahezu überflutet.

Unser aller Problem: 50 % der umlaufenden betrieblichen Informationen sind überflüssig!

Um in der Informationsflut nicht unterzugehen benötigen wir

1. ein System zur Kanalisierung der einströmenden Informationen

2. Methoden zur schnellen Informationsverarbeitung: Lesetechniken

3. die richtige Einstellung: Wir müssen nicht alles im Detail wissen.

4.4.6.1   Effektive Informationsbearbeitung

Vielleicht ist es Ihnen auch schon einmal so gegangen, dass Sie ein Schriftstück zur Hand nehmen, es lesen, wieder zurücklegen und dann so oft von einem Stapel zum anderen schieben, bis Sie völlig vergessen haben, um was es ging.

Manchmal haben Sie ja Glück und das Ganze hat sich zwischenzeitlich von selbst erledigt. Andernfalls nehmen Sie das Schriftstück erneut auf und müssen sich wieder einlesen. Währenddessen wachsen die Stapel auf Ihrem Schreibtisch mehr und mehr.

Wenn es Ihnen so geht, sollten Sie sich umgehend damit auseinandersetzen, wie Sie auf Ihrem Schreibtisch den Überblick behalten und wie Sie Ihre Informationsflut effektiv kanalisieren. Mit den „Tipps zur Schreibtisch-Organisation" in Abbildung 21 behalten Sie den Überblick.

Abb. 21: Tipps zur Schreibtisch-Organisation	
Fach / Korb	für
Eingang	Eingehende Post und Informationen
Ausgang	Informationen / Aufgaben für Mitarbeiter
Rot	Sofort tun
Grün	Lesen

In Pultordner / Hängemappen mit Termin – „Reitern" – gehören Texte zur Wiedervorlage, Projekte, Sonderaufgaben, Ideen werden in Hängemappen sortiert. Die „End-Ablage" findet im Papierkorb statt. Übrigens: Nach einer IBM – Untersuchung werden nur 4 % der abgelegten Dokumente jemals wiederverwendet! Mehr als 11 Milliarden Blatt Papier lagern bei IBM in den Archiven. Damit es bei Ihnen platzsparender zugeht – im Zweifel für den Rundordner:

Das Flussdiagramm in Abbildung 22 zeigt, wie Sie Ihre Informationen richtig kanalisieren, wenn Ihr Postfach mit Post von allem und jedem und im Outlook der Posteingang mit E-Mails von überallher überquillt.

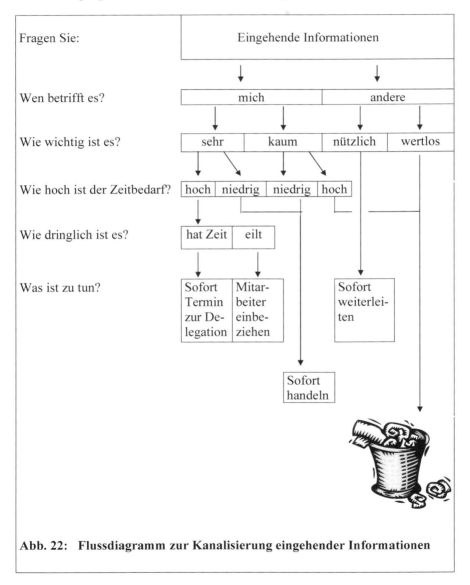

Abb. 22: Flussdiagramm zur Kanalisierung eingehender Informationen

Informationen zu kanalisieren ist das eine, sie schnell zu verarbeiten das andere. Prüfen Sie mit der Aufgabe im Folgetext, wie effektiv Sie Texte in Papierform oder auch auf dem Bildschirm lesen.

4.4.6.2 Rationelles Lesen

Aufgabe: Finden Sie das Lösungswort aus dem nachfolgenden Text!

I.   Lesen mit der Drei-Schritt-Methode

Ungeübte Leser lesen die unterschiedlichsten Texte Seite für Seite, Wort für Wort durch. Für Kriminalromane ist das sicher sinnvoll, für Fachliteratur weniger. Hier empfehlen wir die Drei-Schritt-Methode

1. Schritt: Grob überfliegen

Nutzen Sie zuerst die Orientierungshinweise des Buches / Textes, besonders das Inhaltsverzeichnis, die Kapitelüberschriften usw. Prüfen Sie, ob das Buch oder der Text das enthält, wonach Sie suchen. Mit Diagonallesen geht das rasch und problemlos. Dabei überfliegen Sie interessante Textstellen so schnell Sie können und kontrollieren, ob diese lesenswert sind.

2. Schritt: Gezieltes Lesen

Lesen Sie jetzt die herausgefilterten Stellen mit angemessenem Tempo; neue Inhalte gründlich und langsam, vertrautere Texte mehr überfliegend. Markieren Sie wichtige Passagen.

3. Schritt: Zusammenfassen

Halten Sie das Wichtigste fest und fassen Sie den Inhalt zusammen.

Zunächst scheint diese Methode zeitaufwendig – tatsächlich spart sie aber Zeit, denn die Informationssuche erfolgt zielgerichtet und wesentlich effektiver.

II.   Auf der Suche nach dem Lösungswort

Haben Sie tatsächlich den ganzen Abschnitt I gelesen?

Wenn ja – dann sollten Sie sich die Drei-Schritt-Methode zukünftig gut merken. Wer den ersten Schritt „Grob überfliegen" anwendet, hat sich schnell Überblick verschafft. Ein geübter Leser findet anhand der Überschriften schnell heraus, dass die eigentliche Suchanweisung für das Lösungswort erst später auftaucht. Nun gut, jetzt wissen Sie, was Sie optimieren können – wieso halten Sie sich eigentlich noch hier auf?

III. Suchanweisung

Vorarbeiten:

1. Schreiben Sie den Anfangsbuchstaben Ihres Firmennamens in die mit einem „*" gekennzeichnete Spalte in Testkasten 2.
2. Notieren Sie den Endbuchstaben Ihres Familiennamens in die mit einer „#" gekennzeichnete Spalte in Testkasten 1.
3. Bilden Sie ein Wort mit mindestens acht Buchstaben zwischen denen von Ihnen aufgeschriebenen Buchstaben.

Ermittlung des Lösungswortes:

4. Das Wort in der Spalte unter Testkasten 3 ist das Lösungswort.

Testkasten 1	Testkasten 2	Testkasten 3
#	*	
#____..____*		
ist für die Aufgabestellung unerheblich		3-Schritt-Methode

4.6.6.3 Textauswahl mit System

Selbst mit effektiver Informationsbearbeitung und als gut geübter Anwender der 3-Schritt-Methode – Sie werden nicht alles lesen können! Mit „Mut zur Lücke" dämmen Sie die Informationsflut ökonomisch, in dem Sie sich fragen:

➢ Was muss ich alles lesen?

➢ Was soll ich alles lesen?

➢ Was will ich alles lesen?

➢ Was will ich damit anfangen?

➢ Was kann ich später lesen?

➢ Was brauche ich überhaupt nicht zu lesen?

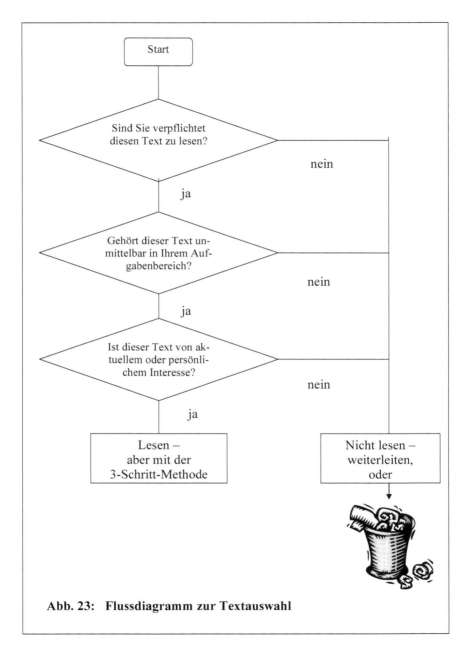

Abb. 23:   Flussdiagramm zur Textauswahl

Das Flussdiagramm zur Textauswahl in Abbildung 23 verdeutlicht, wie Sie unter den Ihnen vorliegenden Schriftstücken zielbewusst und wirtschaftlich auswählen. Ihre Lesezeit ist zu kostbar, um Sie planlos zu vertun!

Mit den folgenden „Empfehlungen vor dem Lesen" setzen Sie die Systematik des Flussdiagramms konsequent um:

➢ Lesen Sie nur, was wichtig ist!

➢ Sprechen Sie mit Ihrer Sekretärin ab, nach welchen Kriterien Ihre Post „gesiebt" werden soll. So verhindern Sie, dass unwichtige Post zweimal gelesen wird.

➢ Entscheiden Sie, ob
   ➢ gelesen werden muss
   ➢ Sie es selbst lesen müssen
   ➢ wenn ja, Sie es jetzt lesen müssen

➢ Delegieren Sie Lesearbeit. Versäumen Sie jedoch nicht, Zusammenfassungen schreiben zu lassen und auch anzufordern.

➢ Setzen Sie sich vor dem Lesen Ziele!

➢ Lesen Sie gründlich das Inhaltsverzeichnis.

➢ Beachten Sie auch Sach- / Stichwortverzeichnisse. Sie helfen Ihnen, schneller die gewünschten Informationen zu finden.

➢ Überfliegen Sie jeden Text, um sich einen Überblick zu verschaffen. Ergibt sich beim ersten flüchtigen Lesen nichts Wichtiges für Ihre Leseabsicht – Text nicht mehr lesen!

➢ Markieren Sie wichtige Textstellen.

➢ Schreiben Sie Zusammenfassungen!

Je effektiver Sie Informationen kanalisieren und je rationaler Sie mit Texten umgehen, umso mehr Zeit gewinnen Sie. Gesuchte Informationen sind schneller zugänglich, Wesentliches wird sofort erkannt. Sie bearbeiten die Daten nach klar erkennbaren Prioritäten und helfen anderen, zügiger voranzukommen: Die Informationen landen dort, wo sie gebraucht werden.

➢ **TIPP für Leser mit „Appetit auf Mehr"**

➢ Bohlen, Fred N. / Forster, Gabriele A.: **Effizient lesen**: Eine systematische Hilfe für alle, die zu viel zu lesen haben – 7. aktualisierte Aufl. – Renningen: expert verlag 2008

➢ ISBN-13: 978-3-8169-2795-2

➢ Der Leser erfährt, wie er wichtige Texte situationsgerecht, schneller und mit größerem Behaltenseffekt aufnehmen kann. Das Buch ist eine gute Erweiterung unserer grundsätzlichen Erörterungen zum rationellen Lesen. Erhältlich über den Buchhandel oder direkt beim Verlag:

➢ www.expertverlag.de

4.4.7 Arbeit anderer tun

Wer die Arbeit anderer tut, weiß entweder nicht genau, was er zu tun hat (unklare Aufgabenstellung, fehlende Stellenbeschreibung), und koordiniert von daher mangelhaft und mit wenig Mut zur Delegation. Oder er denkt, dass es schneller geht, wenn er die Dinge selbst in die Hand nimmt. Das mag zwar auf dem ersten Blick stimmen, doch beim genaueren Hinsehen stellt sich das schnell als Trugschluss heraus.

Aus der Zeitfalle „Arbeit anderer tun" kommt nur heraus, wer auf klare Zuständigkeiten drängt und im Rahmen seiner Möglichkeiten planmäßig delegiert. Damit dies gelingt ist vor allem Selbstdisziplin und Konsequenz gefragt. Nur wer sich selbst nicht unnötig unter Zeitdruck setzt, mit „Geduld und Spucke" *seinen* Weg geht, wird durch konsequentes Handeln auf Dauer Zeit sparen.

Prüfen Sie mit dem Fragebogen „Setze ich mich selbst (immer) unter Zeitdruck" (Abbildung 24), ob Sie dazu neigen, sich unnötig stark selbst in Zugzwang zu setzen, sich antreiben zu lassen, alles „mal eben schnell" selbst zu erledigen, bevor Sie es auch noch umständlich erklären müssen.

Bewerten Sie die Aussagen so, wie Sie sich gegenwärtig in Ihrer Firma erleben.

Entscheiden Sie spontan. Der erste Impuls ist richtig!

Aussage	trifft ... zu				
	voll	meist	teils	selten	nicht
Ich bin ständig in Eile.	5	4	3	2	1
Meine Ziele will ich möglichst schnell erreichen.	5	4	3	2	1
Menschen, die „herumtrödeln" regen mich auf.	5	4	3	2	1
Im Gespräch unterbreche ich öfters.	5	4	3	2	1
Aufgaben erledige ich möglichst rasch.	5	4	3	2	1
Rasche Antworten schätze ich.	5	4	3	2	1
Ungeduldiges Fingerklopfen oder eine andere Art der Ungeduld ist für mich typisch.	5	4	3	2	1
Meine Nervosität und Konzentrationsschwierigkeiten nehmen zu.	5	4	3	2	1
„Macht mal vorwärts" signalisier ich öfter.	5	4	3	2	1
Ich mache gerne zwei Sachen auf einmal, z.B. telefonieren und Akten sortieren.	5	4	3	2	1

Abb. 24:   Fragebogen: „Setze ich mich selbst (immer) unter Zeitdruck?"

Jeder Einschätzung ist eine Punktzahl zugeordnet. Addieren Sie die Werte zu Ihrer Gesamtpunktzahl!

Auflösung

Weniger als 17 Punkte:

Sie laufen keine Gefahr, sich unnötig stark beeilen zu wollen. Die angesprochenen Gegenmaßnahmen „auf klare Zuständigkeiten drängen" und „planmäßiges Delegieren" sollten Ihnen nicht allzu schwer fallen.

18 – 27 Punkte:

Sie sind hin und wieder versucht, sich selbst übermäßig stark in Zugzwang zu setzen. Optimierungen wie oben angesprochen dürften Ihnen zwar nicht schwer fallen, Sie sollten jedoch bei der Realisierung konsequenter und vor allem geduldiger vorgehen.

Über 28 Punkte:

Sie sollten dringend an sich arbeiten. Ihre Neigung sich selbst übermäßig stark in Zeitdruck zu setzen, ist sehr stark ausgeprägt. Beginnen Sie damit, Ihren Zuständigkeitsbereich zu klären. Erwägen Sie sorgfältig Möglichkeiten der planmäßigen Delegation. Seien Sie mutiger und geduldiger bei der Übertragung von Aufgaben an Ihre Mitarbeiter.

4.4.8 Routinearbeiten, persönliche Gewohnheiten

Das Dumme an den Zeitdieben „Routinearbeiten" und „persönliche Gewohnheiten" ist, dass es sich dabei oft um Aufgaben oder Tätigkeiten handelt, „an denen das Herz hängt". Die Eliminierung dieser Zeitdiebe erfordert viel Selbstdisziplin.

Wenn Sie durch diese Zeitdiebe überlastet werden, sollten Sie ab sofort beherzt über Ihren Schatten springen. Finden Sie heraus, welche Routinearbeiten und welche persönlichen Gewohnheiten Sie schon heute aufgeben können.

Nutzen Sie die Arbeitsblätter „Ermittlung sachlich unnötiger Routinearbeiten" und „Abbau zeitraubender persönlicher Gewohnheiten" (Abbildungen 25 und 26) auf den Folgeseiten zur selbstkritischen Überprüfung.

Abb. 25: Arbeitsblatt „Ermittlung sachlich unnötiger Routinearbeiten"			
Fragen Sie selbstkritisch	nein	ja	Wenn ja, warum?
Muss ich die Eingangspost täglich lückenlos durchsehen?			
Muss ich die Zeitung / Zeitschrift X regelmäßig lesen?			
Muss ich in dem Ausschuss X vertreten sein?			
Muss ich an der Besprechung X unbedingt teilnehmen?			
Muss ich die Statistik X periodisch weiterführen?			
Muss ich über den Vorgang X eine Aktennotiz machen?			
Muss ich über die Besprechung X ein Protokoll anfertigen?			
Muss ich eine Ausarbeitung lückenlos prüfen?			
Muss ich die Ausarbeitung (Angebot, Brief, Bericht usw.) meines Mitarbeiters überarbeiten?			

Abb. 26: Arbeitsblatt „Abbau zeitraubender persönlicher Gewohnheiten"

Gewohnheit	Abbaumöglichkeit	geeignet		Bei „nein" – warum nicht?
		Ja	Nein	
Aus Angst oder Ungeduld alles selbst machen wollen	Mitarbeitern vertrauen, auch wenn die Arbeiten nicht 100 % erledigt werden			
Überengagement, zu temperamentvolles spontanes Handeln; Spontanaktionen, die dann widerrufen werden	Zuerst schweigen und überlegen, Bedenkzeiten einführen, überschlafen, kritischer werden, die Dinge hinterfragen			
Zu genaues Arbeiten, ständig alles überprüfen und absichern, aus dem Denken nicht herauskommen	Nicht grübeln, sondern geplante Arbeiten flott in die Tat umsetzen, auch wenn Details im Plan noch zu verbessern wären			
Unordnung am Arbeitsplatz; Durcheinander	Es darf nur am Arbeitsplatz liegen, was für die Erledigung der jeweiligen Aufgabe benötigt wird			
Termine nicht einhalten können; chronisches „Zuspätkommen"	Zeit realistischer einschätzen, mehr Reservezeit vorsehen. Grundsätzlich Termine fünf Minuten zu früh wahrnehmen			
Schlechte Erklärungen, dadurch ständige Rückfragen	Vergewissern, ob man verstanden worden ist			
Redseligkeit, von einem zum anderen kommen	Immer nur ein Sachthema behandeln			
Entscheidungen nicht rechtzeitig treffen, Unentschlossenheit	Entscheidungshilfen einsetzen (Vorteil – Nachteil – Liste; Entscheidungsmatrix)			
Unangenehme Aufgaben werden immer wieder verschoben	Unangenehme Aufgaben möglichst gleich erledigen oder einen festen Termin zur Erledigung setzen			

4.4.9 Schwächen der Mitarbeiter

Gerade in wirtschaftlich schwierigen Zeiten hängt der Erfolg, ja manchmal sogar das Überleben eines Handwerksbetriebs entscheidend davon ab, inwieweit es gelungen ist, den richtigen Mann am richtigen Platz eingesetzt zu haben und/oder einzusetzen. Selbständige, mitdenkende Fachkräfte sind gefragt. Starke Mitarbeiter entlasten, schwache belasten.

Wer seine Mitarbeiter gezielt auswählt, vermeidet schon im Vorfeld zeitaufwendige Führungsarbeit. Schließlich bedürfen schwache Mitarbeiter wegen mangelnder Qualifikation oder zu geringer Selbständigkeit mehr Anleitung und Kontrolle.

In vielen Handwerksunternehmen sind gute Erfahrungen damit gemacht worden, sich nicht darauf zu beschränken, nur die fachliche, sondern die umfassendere, gesamte berufliche Handlungskompetenz in systematischer Form im Personalauswahlverfahren zu hinterfragen.

Wir sprechen von beruflicher Handlungskompetenz, wenn ein Mitarbeiter über fachliches Können in Theorie und Praxis hinaus über Methodenkompetenz (Transferfähigkeit, Selbständigkeit, Informationsaufnahme und -verarbeitung, Eigeninitiative, Lernfähigkeit) und Sozialkompetenz (Kooperations- und Teamfähigkeit, Führungsqualitäten), sowie über Einstellungen und Werthaltungen verfügt, die dem Denk- und Umgangsstil des Hauses entsprechen (z.B.: Belastbarkeit, Sorgfalt, Zuverlässigkeit, Pflichtgefühl usw.).

Fachkompetenz allein genügt schon lange nicht mehr, um im Handwerk erfolgreich zu wirken. Stark in der Persönlichkeit verwurzelte, zusätzliche Eigenschaften, die sogenannten Schlüsselqualifikationen sind mindestens genauso wichtig. So vermag ein Handwerker mit einer gut ausgeprägten Methodenkompetenz Wissenslücken in fachlicher Hinsicht schnell zu schließen, arbeitet selbständig und zeigt Eigeninitiative. Positive Einstellungen und Werthaltungen sichern qualitativ und quantitativ einwandfreie Arbeitsergebnisse. Mit stark ausgeprägter Sozialkompetenz zeigt sich der Handwerker teamorientiert und sicher im Auftreten beim Kundenkontakt.

Wenn Sie Ihre Personalauswahl gezielt durchführen wollen, sollten Sie in einem Anforderungsprofil für die zu besetzende Stelle festlegen, welche Schlüsselqualifikationen vorhanden sein müssen, um die Stelle optimal zu besetzen. Haben Sie ermittelt, welche persönlichen Eigenschaften vorhanden sein müssen, gilt es nun zu bestimmen, wie diese ausgeprägt sein müssen.

Schon beim Eingang der Bewerbungen lassen sich erste Rückschlüsse auf den Kandidaten aus der Zusammenstellung der Bewerbungsunterlagen ziehen. So sollten wirklich interessierte Bewerber um die Standards für gut zusammengestellte Bewerbungsunterlagen wissen:

➢ Anschreiben und Lebenslauf sind auf qualitativ hochwertigen Papier in guter Schriftqualität verfasst

➢ Kopien der Zeugnisse sind sauber und kontrastreich

➢ Ein gutes farbiges Portraitfoto mit Namen und Anschrift auf der Rückseite liegt bei

➢ Der maschinengeschriebene Text des Anschreibens und des tabellarischen Lebenslaufes ist knapp und präzise formuliert

➢ Das Anschreiben setzt sich inhaltlich mit der Stellenanzeige auseinander

➢ Der Lebenslauf ist übersichtlich gegliedert und enthält vollständige Angaben zur Person, wie Anschrift, Geburtsdatum und -ort, Familienstand und eine lückenlose Darstellung des Ausbildungs- und Berufsweges sowie Hinweise auf mögliche Spezialgebiete. Persönliche Daten und Informationen sind erwähnt, wenn sie für die Stelle von Bedeutung sind

➢ Selbstverständlich ist auf korrekte Rechtschreibung, Grammatik und Interpunktion geachtet worden.

Natürlich achten Sie bei der Durchsicht der Bewerberunterlagen auch darauf, dass fachliches Wissen und Können durch Zeugnisse ausreichend nachgewiesen sind. Analysieren Sie die Bewerbungsunterlagen weiter, indem Sie fragen:

➢ Erscheint der Aufbau des beruflichen Werdeganges sinnvoll?

➢ Ist der Lebenslauf in der zeitlichen Folge lückenlos erklärt?

➢ Wie häufig wurden die Stellen gewechselt?

➢ Was fällt gegenüber einem durchschnittlichen Lebenslauf als außergewöhnlich auf? Welche Gründe kann es dafür geben?

➢ Welche Informationen fehlen? (z.B.: Heirat, Kinder, Elternhaus, genaue Angaben zur letzten Tätigkeit...)

Ergeben sich Fragen aus der Analyse, prüfen Sie diese im Personalauswahlgespräch sorgsam.

Wer mit seinen Bewerbungsunterlagen überzeugt, wird zum Personalauswahlgespräch eingeladen. Hier heißt es nun, herausfinden ob, bzw. inwieweit der Bewerber dem Personal-Anforderungsprofil entspricht. Beachten Sie bei der Gesprächsführung:

➢ Der Bewerber soll reden

➢ Das Gespräch muss gesteuert werden – aber unter Berücksichtigung der Bedürfnisse des Bewerbers

➢ Es muss ein Zeitplan vorliegen

➢ Offene Fragen aus Vorauswahl (Bewerberunterlagen) und Erstkontakt (Telefonat) sind zu klären

➢ Während des Gesprächs werden nur wenige notwendige Stichworte aufgeschrieben – sofort anschließend an das Gespräch werden Beobachtungen festgehalten, wichtige Aussprüche notiert, Teil-Urteile aufgeschrieben, zusätzliche Fakten ergänzt

➢ Der Interviewer darf nicht auf den Inhalt allein achten, sondern muss parallel stets das Verhalten beobachten, Erklärungen suchen, Hypothesen überprüfen.

Nutzen Sie für Ihr nächstes Personalauswahlgespräch die Liste in Abbildung 27 „Eigenschaften – genau beobachtet" auf der Folgeseite. Sie zeigt Ihnen, welche Informationen und Verhaltensbeobachtungen auf Eigenschaften schließen lassen.

Aus dem Gespräch werden die Rückschlüsse aus Informationen und Verhaltensbeobachtung zu einem Bewerberprofil verdichtet, dass dem Personal - Anforderungsprofil gegenübergestellt wird. Je besser beide Profile übereinstimmen, umso höher dürfte die Wahrscheinlichkeit sein, dass der Bewerber den Stellenanforderungen entspricht.

Um die Prognose über den Bewerber noch zuverlässiger abzusichern eignen sich weitere Eignungsfeststellungsverfahren wie Fragebögen, Tests, Arbeitsproben, Folgegespräche oder auch ein Vorgehen nach der Assessment-Center-Methode, die gut abgestimmt eine Kombination aller Möglichkeiten bietet.

Abb. 27: Eigenschaften – genau beobachtet	
Eigenschaft	Beobachtung von
Aufgeschlossenheit	Mienenspiel, Aufmerksamkeit, stellt Fragen, berichtet lebhaft, Ideen, Bildungsverhalten, Literatur, Hobby
Informationsaufnahme und -verarbeitung	Sprechtempo, erkennt Zusammenhänge, Reaktionszeit, konkret-anschaulich oder abstrakt, Urteilsvermögen
Selbständigkeit	Sicherheit im Auftreten, stellt Fragen, Eigeninitiative im Lebenslauf, sichere Urteile, trifft Entscheidungen
Sorgfalt, Genauigkeit	Sorgfalt in Sprache und Ausdruck, präzise Aussagen, nennt Fakten, äußere Erscheinung, Schilderung der Arbeit
Belastbarkeit	Aufmerksamkeitsdauer, Lautstärke der Stimme, Gestik, Ausgeglichenheit, Tagesablauf, Freizeitaktivität, Ich – Motive
Kontaktfähigkeit	freundliche Ausstrahlung, flüssige Sprechweise, kann zuhören, bringt eigene Ideen ein, Freundeskreis
Überzeugungskraft	spricht betont, strukturiert, einsichtige Argumente, beobachtet Anliegen des Partners, Stimmigkeit in Aussagen und Körpersprache, werteorientiert
Kooperationsfähigkeit	spricht von „Wir", Offenheit, baut auf Gedanken anderer auf, kein Drang nach Profilierung / Ehrgeiz, Hilfsbereitschaft im Lebenslauf

Auf den Einsatz zusätzlicher Eignungsfeststellungsverfahren wird häufig wegen des hohen Zeit- und Kostenaufwandes verzichtet. Für mich nicht immer nachvollziehbar, wenn ich beispielsweise sehe, wie viel Zeit, Mühe und Geld darauf verwendet wird, neue Maschinen anzuschaffen. Bei gleichem Aufwand für die Personalauswahl dürfte der Zeitdieb „Schwächen der Mitarbeiter" kaum mehr eine Rolle spielen.

4.4.10 Perfektionismus, Pedanterie

Kaum zu glauben – aber wahr: nicht wenige Handwerker blockieren einen Teil ihrer Zeit mit Aktivitäten, die sie genauso gut sein lassen könnten. Nichts würde passieren. Für viele Tätigkeiten gibt es keinerlei sachliche Notwendigkeit, auch wenn immer wieder sachliche Scheinargumente angeführt werden. Hier einige Beispiele aus der Praxis:

➢ „Als Meister muss ich *unbedingt* über jedes Detail Bescheid wissen; schließlich brauche ich einen Wissensvorsprung."

➢ „Ich kann doch keine halben Sachen hinnehmen. Wo kämen wir denn da hin? In der Technik gibt es nur Hundertprozent-Lösungen, und zwar *immer und überall!*"

➢ „ Wenn ich nicht *immer* alle Einzelheiten festhalte, komme ich später in Teufels Küche. Wie soll ich mich dann verteidigen?"

➢ „Vertrauen ist gut, Kontrolle ist besser! Wenn ich nicht *immer* alles kontrolliere, läuft es garantiert schief!"

➢ „Was mir meine Leute vorlegen, kann ich so *nie* weitergeben. Ich muss *immer allem* noch den letzten Schliff geben!"

➢ „In diesem Ausschuss muss ich doch *unbedingt* vertreten sein!"

Sicher mag das eine oder andere für bestimmte Fälle gelten, doch was an den Äußerungen bedenklich stimmt, sind die kursiv zitierten Wörtchen „unbedingt", „nie", „immer", „alles" und „überall". Wer so denkt, argumentiert nicht rational. Er setzt sich unnötig unter Druck. Selbstüberforderung und unangemessen hohe Anforderung an die Arbeitserfüllung sind die Folge.

Der erste Schritt zur Besserung ist die selbstkritische Reflexion. Gegenmaßnahmen liegen in zielgerichteten, ökonomischeren Handlungen. Das Zauberwort lautet: „Funktionsgerechtigkeit".

4.4.11 Schlechte Arbeitsplatzorganisation, Durcheinander

In den Büros vieler Handwerksmeister offenbart sich ein Relikt früher Menschheitsgeschichte: Die „Jäger und Sammler" der Vorzeit sind heute „Volltischler". Aus Angst, das Wesentliche zu vergessen, werden alle „Vorgänge" auf dem Tisch gestapelt. Nichts darf verloren gehen!

Nur – wer jedes Blatt Papier, Poststück, Management-Wissen-Magazin usw. auf seinem Schreibtisch hortet, bindet Aufmerksamkeitseinheiten seines Gehirns und damit Teile seiner Arbeitsenergie. Motivation und Konzentrationsfähigkeit werden so blockiert. Volltischler „verzetteln" sich im wahrsten Sinne des Wortes. Aufgeregt wird in Papierstapeln gewühlt: Wo habe ich das denn noch mal hingelegt? Manch wichtige Aufgabe wird hektisch in letzter Minute erledigt, weil sie „aus den Augen, aus dem Sinn" war.

Falls es auf Ihrem Schreibtisch ähnlich chaotisch zugeht – machen Sie dem Stress ein Ende. Starten Sie eine Sofort-Maßnahme. Zu allen unerledigten Schriftstücken auf Ihrem Schreibtisch fragen Sie sich, bis wann Sie das erledigt haben wollen. Gemäß dem 3-Stufen-Prinzip gehen Sie dabei wie folgt vor:

1. Sofort tun

Erledigen Sie sofort, was weniger als fünf Minuten dauert. Für alles andere setzen Sie einen konkreten Termin fest, wann im weiteren Tagesverlauf Sie es tun werden.

2. Tagesplan

Notieren Sie in Ihrem Tagesplan, was Sie in den nächsten Tagen erledigen wollen. Setzen Sie Prioritäten. Verwenden Sie den Tagesplan (Abbildung 28) auf der Folgeseite.

3. Checkliste zur Kontrolle der Aufgabenerledigung

Schreiben Sie alles was Sie später erledigen wollen, in eine Checkliste zur Kontrolle der Aufgabenerledigung. Eine Checkliste finden Sie auf der übernächsten Seite (Abbildung 29).

Für all die Papiere, die Sie später einmal in Ruhe lesen möchten, richten Sie neben Ihrem Schreibtisch einen passenden Platz ein, z.B. auf einem Sideboard. Alles andere geben Sie dem besten Freund des Leertischlers – ab damit in den Papierkorb. Geben Sie sich einen Ruck, es kann mehr weg als Sie meinen!

Was dann noch bleibt, sollte in einem einfachen Ablagesystem gesammelt werden. Hier ist schnelles Finden ohne langes Suchen angesagt. Wer nach dem Motto lebt „Wer Ordnung hält ist nur zu faul zum Suchen", sollte sich vor Augen führen, dass es im Schnitt etwa zehnmal so lange dauert etwas wiederzufinden, wie es gut auffindbar abzulegen.

Abb. 28: Tagesplan

Priorität	Zeitpunkt	Was ist zu tun?	Wie lange?	
			SOLL (geschätzt)	IST (tatsächlich)
Gesamtaufwand				

Telefonate	Zeitpunkt	Privates / Sonstiges	Zeitpunkt

Abb. 29:   Checkliste zur Kontrolle der Aufgabenerledigung

Datum	Priorität	Was ist zu tun?	Beginn	Fertig bis	Bemerkung

Prüfen Sie nun mit den Leitfragen, ob Sie ein sinnvolles Ordnungssystem einge-richtet haben. Die Fragen sind zugleich Optimierungshilfen:

➢ Verfügen Sie über ein Grundsystem in Ihrer Registratur (durchgehende Or-ganisation mit Hebelordner, Pendelmappen, Hängeregistratur oder Stehabla-gen)?

➢ Erfassen Sie Schriftstücke schon während der Bearbeitung unter Ordnungs-begriffe, so dass später ein sofortiger Zugriff möglich ist?

➢ Nutzen Sie Einzelmappen zur Sofort-Ordnung am Arbeitsplatz?

➢ Ordnen Sie Ihre Schriftstücke nach übersichtlichen und logischen Kriterien?

➢ Liegen auf Ihrem Schreibtisch nur Unterlagen, die zeitnah bearbeitet werden müssen?

➢ Handeln Sie konsequent nach der Devise: Neuer Vorgang = neue Mappe?

4.4.12 Unentschlossenheit

Handwerkern, die unentschlossen zu Werke gehen, fehlt entweder der Mut zur Verantwortung oder aber sie suchen unentwegt nach perfekter Information. Währenddessen bleibt die Arbeit liegen und belastet die Gedanken. Manchmal hat der eine oder andere Glück, aber nur selten erledigen sich die Dinge von selbst dadurch, dass man sie liegen lässt.

Wem es nicht gelingt, seine Informationsbeschaffung und -auswertung durch feste Termine zeitlich zu begrenzen, läuft Gefahr früher oder später der „Aufschieberitis" zum Opfer zu fallen.

Beantworten Sie selbstkritisch die folgenden Fragen. Mit ihnen kommen Sie nicht nur der „Aufschieberitis" auf die Spur, jedes „Ja" zeigt Ihnen gleichzeitig, was Sie verändern sollten:

➢ Suche ich nach Entschuldigungen um Schwieriges aufzuschieben?

➢ Brauche ich Druck, um an schwierigen Aufgaben weiterzuarbeiten?

➢ Gibt es viele Unterbrechungen die mich abhalten, Wichtiges zu erledigen?

> Nehme ich Arbeit mit nach Hause, um sie abends oder am Wochenende zu erledigen?

> Bin ich manchmal zu nervös oder zu müde, um wichtige Aufgaben anzupacken?

> Muss ich erst alles vom Tisch wegarbeiten, damit ich mich auf schwierige Arbeiten konzentrieren kann?

> Vermeide ich es, mir Endtermine zu setzen?

4.4.13 Wartezeiten und Verzögerungen durch EDV

Sprachdateien und digitale Photos mit Handys, Smartphones oder Tablets aufnehmen und / oder den Stundenzettel mit einer speziellen Software auf dem Laptop erstellen und ausdrucken – all dies gehört in vielen Handwerksbetrieben zum Alltag. Da Ausführungen über die EDV vor dem Hintergrund der rasanten Entwicklung derselben den Rahmen dieses Buches sprengen würden, beschränke ich mich diesbezüglich auf einen einfachen, schon beinahe banalen Appell:

Schützen Sie sich vor Datenverlust und der dann notwendigen zeitraubenden Wiederherstellung durch regelmäßige Sicherung und Wartung!

4.4.14 Unrealistische Zeitplanung: Zu viel in zu kurzer Zeit!

Viele Methoden des Zeitmanagements stehen und fallen mit der genauen Überwachung durch ständige SOLL-IST-Vergleiche. Wenn immer wieder die Zeitfalle „Unrealistische Zeitplanung: zu viel soll in zu kurzer Zeit erledigt werden" zuschnappt, liegen zwei mögliche Ursachen nahe:

> Die SOLL-Planung erfolgt ohne vorhergehende Kontrolle bei der Zeitplanung und deren Berücksichtigung oder

> Der Betroffene setzt sich (immer) unnötig stark unter Druck, zeigt möglicherweise sogar Tendenzen zum „Workaholik".

Prüfen Sie selbstkritisch, ob, bzw. inwieweit Sie Gefahr laufen, sich in der einen oder anderen Art und Weise zu verhalten.

4.4.15 Spontanes Handeln, Ungeduld

Emotionales, nur wenig rationales Verhalten führt unmittelbar in die Zeitfalle „Spontanes handeln, Ungeduld". Die Lösung lautet schlicht und ergreifend:

Keine Arbeitserledigung ohne Vorüberlegung, vor allem Tages- und auch Wochenplanung! Fragen Sie sich deshalb vor Arbeitsbeginn:

➢ Ist diese Tätigkeit überhaupt notwendig?

➢ Was geschieht, wenn sie heute nicht erledigt wird?

➢ Was geschieht, wenn sie überhaupt gestrichen wird?

➢ Welches ist die wichtigste Aufgabe für heute?

➢ Kann ich sie heute termingerecht erledigen?

➢ Welche Vorkehrungen muss ich dazu treffen?

➢ Muss ich diese Arbeit unbedingt selbst erledigen?

➢ Verfüge ich über Kollegen und / oder Mitarbeiter, die mir dabei behilflich sein könnten?

➢ Können die heutigen Aufgaben mit weniger Zeitaufwand und einfacher erledigt werden?

➢ Habe ich den rationellsten Weg zur Lösung ausgewählt?

➢ Welche Arbeitssituation belastet mich heute am meisten?

➢ Welche Sofortmaßnahmen zur Änderung ergreife ich?

➢ Wann kann ich heute am besten arbeiten?

➢ Wo in meinem Tagesplan findet sich ein Zeitblock von mindestens 60 Minuten zur ungestörten Arbeit?

Anstelle einer Zusammenfassung habe ich auf den beiden Folgeseiten alle 15 Zeitdiebe und Zeitfallen, ihre Ursachen und Gegenmaßnahmen noch einmal für Sie übersichtlich in Abb. 30 zusammengefasst.

Abb. 30: Häufige Zeitfallen und Zeitdiebe im Überblick

Zeitfalle / Zeitdieb	Ursachen	Gegenmaßnahmen
1. Unklare Ziele	Unsystematische Vorgehensweise	Erst Festlegung genauer Ziele, dann darauf ausgerichtet Prioritäten setzen – Tagesplanung
2. Ungeplante, externe Störungen (Telefonate, unangemeldete Besucher)	„Haus der offenen Tür", Annahme jedes Telefonats	„Stille Zeiten" schaffen; Einzelgespräche nach Vorabstimmung
3. Zu wenig effektive, zu lange Besprechungen	Unklare Ziele, mangelnde Vorbereitung, unzureichende Leitung	Ziele festlegen und beachten; sich selbst genau vorbereiten und bei anderen darauf drängen; Besprechungsleitung optimieren
4. Zu viele, zu lange Telefonate, belanglose Inhalte	Mangelnde Planung, keine Konzentration auf das wesentliche, ohne straffe Gesprächsführung	Selbstdisziplin; Prioritensetzung; vor jedem Telefonat überlegen; klare Linie verfolgen
5. Zu viel Plauderei	Gemütlicher als arbeiten, verführt durch andere	Zeitlich klar beschränkte Plaudereien, grundsätzlich zur Entspannung nötig
6. Untergehen in der Informationsflut	„Ich muss alles wissen", zu langatmige Texte	Auf Wesentliches konzentrieren; Mut zur Lücke, oft genügt ein Überfliegen
7. Arbeit anderer tun	Unklare Aufgabenstellung, Mangelnde Koordination, kein Mut zur Delegation	Auf klare Zuständigkeiten drängen; Selbstdisziplin; planmäßiges Delegieren
8. Routinearbeiten, persönliche Gewohnheiten	Unüberlegt vor sich hin wurschteln	Selbstreflexion; Selbstkritisches Verhalten
9. Schwächen der Mitarbeiter	Mangelnde Qualifikation, zu geringe Selbstständigkeit	Gezieltere Personalauslese; individuelle Personalentwicklung

Fortsetzung von Abb. 30:   Häufige Zeitfallen und Zeitdiebe im Überblick

Zeitfalle / Zeitdieb	Ursachen	Gegenmaßnahmen
10. Perfektionismus, Pedanterie	Selbstüberforderung, unangemessen hohe Anforderung an die Arbeitserfüllung	Beschränkung auf Funktionsgerechtigkeit, ökonomisches Handeln
11. Schlechte Arbeitsplatzorganisation, Durcheinander	Fehlendes Sortieren nach Dringlichkeit, Übernahme jeder Arbeit	Arbeiten nach Bedeutung und Zeitpunkt der Erledigung gliedern
12. Unentschlossenheit	Fehlender Mut zur Verantwortung, Suche nach perfekter Information	Eigene Terminsetzung bei Informationsbeschaffung und Informationsauswertung
13. Wartezeiten und Verzögerungen durch EDV	Fehlende Wartungen und Sicherungen	Geräte regelmäßig warten, Software aktualisieren und Daten sichern
14. Unrealistische Zeitplanung: zu viel soll in zu kurzer Zeit erledigt werden	SOLL – Planung ohne vorhergehende Kontrolle bei Zeitplanung und deren Berücksichtigung	Genaue Überwachung durch ständigen SOLL – IST – Vergleich
15. Spontanes Handeln, Ungeduld	Zu emotionales, zu wenig rationales Verhalten	Keine Arbeitserledigung ohne Vorüberlegung, vor allem Tages- und auch Wochenplanung

Das Hauptproblem vieler Handwerker besteht darin, dass sie sich bei ihrer Arbeit verzetteln. Kaum haben sie mit einer Arbeit begonnen, taucht ein Zeitdieb auf und lockt sie in eine Zeitfalle. Kein Wunder, dass Zeitfresser so erfolgreich sind. Treffen sie doch auf Menschen, die sich als Krisenmanager am liebsten jedem technischen Problem sofort widmen möchten.

Doch Erfolg hat genau der Handwerker, der sich während einer bestimmten Zeit nur einer einzigen Aufgabe konsequent und zielbewusst widmet. In der dritten Position des Regelkreislaufmodells zum Zeit- und Selbstmanagement „Entscheiden" geht es daher vor allem um Prioritätensetzung (vgl. Abbildung 31)

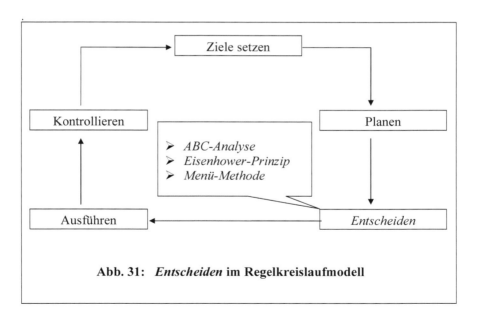

Abb. 31: *Entscheiden* **im Regelkreislaufmodell**

Wem es gelingt, Prioritäten systematisch zu setzen und konsequent zu verfolgen

➢ erledigt zuerst das wirklich Wichtige und Dringliche

➢ konzentriert sich auf jeweils eine Aufgabe

➢ erledigt seine Arbeit innerhalb der geplanten Zeit

➢ schaltet Aufgaben durch Delegation aus.

Zeitplanung mit Prioritätensetzung ist die halbe Miete zur Aufgabenbewältigung. Drei Methoden zur Prioritätensetzung haben sich in der betrieblichen Praxis besonders gut bewährt:

1. Die ABC-Analyse

2. Das Eisenhower-Prinzip

3. Die Menü-Methode

Die Methoden gleichen sich in einem bedeutsamen Aspekt. Mit jeder Methode verleihen Sie Ihren geplanten Aktivitäten eine eindeutige Priorität. Sie setzen Prioritäten, indem Sie Ihre einzelnen Tätigkeiten nach ihrem Wert ordnen. Eine Aufgabe ist umso wertvoller, je mehr sie dazu beiträgt, dass Sie Ihre Ziele erreichen. Hier ist die ABC-Methode hilfreich.

Aus Ihren Zielen resultieren Aufgaben. Diese Aufgaben ordnen Sie nach Wichtigkeit und Dringlichkeit. Das Eisenhower-Prinzip zeigt klipp und klar, wie Sie das handhaben.

Manche der Aufgaben sind Routine. Diese sind zu rationalisieren und zu delegieren. Die Menü-Methode zeigt Ihnen wie.

5.1   Prioritätensetzung nach der ABC-Analyse

Erfahrungswerte belegen, dass die Prozentanteile der wichtigen und weniger wichtigen Aufgaben an der Menge aller Aufgaben im Allgemeinen konstant sind. Die Buchstaben A, B und C bezeichnen drei Klassen von Aufgaben, die für das Erreichen Ihrer Ziele unterschiedlich wichtig sind. „A" bezeichnet die Gruppe der wichtigsten, „C" die der unwichtigsten Aufgaben.

A-Aufgaben (= Muss-Aufgaben):

Die wichtigsten Aufgaben (A-Aufgaben) machen etwa 15 % der Menge aller Aufgaben und Tätigkeiten aus, mit denen sich Handwerker befassen. Ihr Wert im Hinblick auf die Zielerreichung liegt jedoch bei 65 %.

B-Aufgaben (= Kann-Aufgaben):

Durchschnittlich wichtige Aufgaben (B-Aufgaben) machen etwa 20 % an der Menge und ebenfalls 20 % am Wert der Aufgaben und Tätigkeiten einer Fach- und Führungskraft im Handwerk aus.

C-Aufgaben (= Sollte-Aufgaben)

Weniger wichtige oder unwichtige Aufgaben (C-Aufgaben) machen hingegen 65 % an der Menge aller Aufgaben aus, haben aber nur den geringen Anteil von 15 % am Wert aller Aufgaben, die ein Handwerker zu erfüllen hat.

Nach der ABC-Analyse ergibt sich ein „schiefes Bild", wie die Darstellung in Abbildung 32 ausweist.

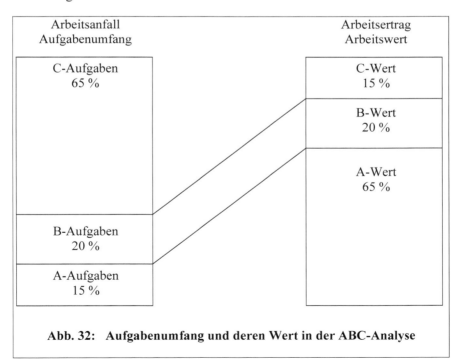

Abb. 32: Aufgabenumfang und deren Wert in der ABC-Analyse

Prüfen Sie mit der ABC-Analyse, ob die angesetzten Zeitvorgaben in Ihrem Zeitplan auch der Bedeutung der Aufgabe entsprechen. Verfahren Sie bitte, wie unten beschrieben. Korrigieren Sie Ihr „schiefes Bild":

1. Nehmen Sie bitte Ihren Terminkalender zur Hand und listen Sie alle Aufgaben auf, die in der nächsten Woche anstehen.

2. Ordnen Sie diese Aufgaben nach ihrer Wichtigkeit, in der Reihenfolge ihres Wertes für die Tätigkeit. Denken Sie daran, dass Dringlichkeit grundsätzlich nichts mit Wert, Wichtigkeit oder Bedeutung der betreffenden Aufgabe zu tun hat.

3. Nummerieren Sie die Aufgaben durch. Verwenden Sie bitte das Arbeitsblatt „Aufgaben der nächsten Woche" (Abbildung 33).

Abb. 33: Arbeitsblatt „Aufgaben der nächsten Woche"		
Rangplatz	Aufgabe / Tätigkeit	Zeitbedarf

4. Bewerten Sie die Aufgaben nach dem ABC-Raster!

5. Überprüfen Sie, ausgehend von den A-Aufgaben, Ihren Zeitplan (geschätzter Zeitbedarf) danach, ob die angesetzten Zeitvorgaben auch der Bedeutung der Aufgabe entsprechen.

6. Nehmen Sie gegebenenfalls Korrekturen vor!

7. Überprüfen Sie B und C-Aufgaben auf Delegationsmöglichkeiten.

Nutzen Sie die Sammlung Ihrer Einzeltätigkeiten auch, um periodisch wiederkehrende Arbeiten zu entdecken und zu hinterfragen.

Ermitteln Sie alle täglich oder wöchentlich anfallenden, periodisch wiederkehrenden Arbeiten und stellen Sie fest, wie viel Zeit Sie dafür benötigen.

Durchdenken Sie nun jede einzelne wiederkehrende Arbeit gründlich.

Stellen Sie sich provozierende Fragen:

➢ Ist diese Arbeit überhaupt nötig?

➢ Warum erledige ich diese Sache so kompliziert?

➢ Warum habe ich bisher nicht alle Rationalisierungsmöglichkeiten ausgeschöpft?

➢ Warum quäle ich mich so damit ab?

➢ Gibt es andere, die es viel einfacher / billiger machen können?

Legen Sie im Arbeitsblatt „Rationalisierung periodisch wiederkehrender Tätigkeiten" (Abbildung 34 auf der Folgeseite) mindestens eine Entlastungsmaßnahme fest, sowie die SOLL-Zeit, die Sie maximal einsetzen wollen oder können.

Abb. 34:   Rationalisierung periodisch wiederkehrender Tätigkeiten

Periodisch wiederkehrende Tätigkeit	Entlastungsmöglichkeit	SOLL-Zeit

5.2 Aufgabenordnung nach dem Eisenhower-Prinzip

Eine sehr strikte Art, Aufgaben zu ordnen und Schlüsse zu ziehen wird Eisenhower nachgesagt. Seinem Prinzip zufolge wird grundsätzlich zwischen wichtigen und dringenden Aufgaben unterschieden. Es resultieren vier Möglichkeiten:

1. wichtig und dringend
2. wichtig und nicht dringend
3. nicht wichtig und dringend
4. nicht wichtig und nicht dringend

Wer dem Eisenhower-Prinzip folgt, übernimmt nur wichtige und dringende Aufgaben selbst (vgl. Abbildung 35). Nicht dringende aber wichtige Aufgaben werden im Auge behalten und geplant. Nicht wichtige Aufgaben werden grundsätzlich nicht selbst erledigt.

	Dringend	Nicht dringend
Wichtig	Sofort und selbst tun! (A-Aufgabe)	Terminieren evtl. delegieren (B-Aufgabe)
Nicht wichtig	delegieren! (C-Aufgabe)	

Abb. 35: Das Eisenhower-Prinzip

Vielleicht wäre es keine schlechte Idee, das Eisenhower-Prinzip auf Ihre Aufgabensammlung für die nächste Woche anzuwenden!

5.3   Tagesplanung mit der Menü-Methode

In der betrieblichen Praxis sind sehr gute Erfahrungen mit der Menü-Methode gemacht worden. „Menü" steht für

➢ **M**aßnahmen sammeln

➢ **E**ntscheidung über die Prioritäten

➢ **N**otwendigen Zeitbedarf schätzen

➢ **Ü**berarbeiten

Mit der Menü-Methode sichern Sie, dass Ihr Tagesplan nur das enthält, was am gleichen Tag auch erledigt werden kann. Je realistischer Sie Ihre Ziele setzen, desto stärker werden Energien mobilisiert. Sie sind eher bereit, Arbeiten zurückzustellen, die das Erreichen der Tagesziele behindern. Ausgenommen sind selbstverständlich Vorgänge höherer Priorität.

Auf der Grundlage Ihrer Tagesziele wenden Sie die Menü-Methode wie folgt an.

5.3.1 Maßnahmen sammeln

Reflektieren Sie Ihren Tagesplan:

Welche schriftlichen Arbeiten oder Besprechungen lassen sich schneller telefonisch erledigen?

Wieweit handelt es sich bei den Maßnahmen um
➢ Blitzvorgänge, die sich in fünf bis zehn Minuten erledigen lassen?
➢ Intensivvorgänge, die konzentriert und störungsfrei erledigt werden sollten?
Wieweit kann ich die Maßnahmen an diesem Tag bewältigen?

5.3.2 Entscheidung über Prioritäten:

Nutzen Sie das Eisenhower-Prinzip, um herauszufinden, was Sie auf jeden Fall noch heute erledigen müssen (wichtig und dringend)!

Wenden Sie die ABC-Analyse an!

5.3.3 Notwendigen Zeitbedarf schätzen

Dabei handelt es sich um einen besonders wichtigen Teil der Methode. Fragen Sie:

Wie viel Zeit benötige ich ungefähr für die Erledigung?

Die Zeit lässt sich bei manchen Vorgängen, wie Besprechungen und komplizierten Arbeiten nicht immer genau festlegen. Dennoch lassen sich Erfahrungswerte sammeln.

Die Erledigung eines Telefonates mit Vorbereitung und anschließender Auswertung dauert etwa zehn Minuten, also sechs Gespräche pro Stunde.

Eine Vorgabezeit, z.B. bei einer Projektbesprechung, zwingt förmlich zur Einhaltung, weil dann konzentrierter gearbeitet wird und Störungen massiv unterbunden werden.

Bereits nach einer Woche beginnen Sie bei der Zeitschätzung sicherer zu werden. Natürlich kann es immer wieder mal zu unerwarteten Schwierigkeiten und Überraschungen kommen. Dann muss die Planung eben neu überdacht werden. Aber ohne Planung wäre der Zeitdruck sicher schlimmer geworden.

5.3.4. Überarbeiten

Entscheidend ist die Zeit, welche die Aufgabe mit der höchsten Priorität an diesem Tag beansprucht. Dauert sie länger als beabsichtigt, dann müssen Aufgaben zurückgestellt oder an Mitarbeiter delegiert werden.

Pufferzeiten schaffen „Luft".

Überlegen Sie, ob sich z.B. eine vorgesehene Besprechung zeitlich reduzieren lässt und voraussichtlich wie stark.

Die Zeitvorgabe aller Vorgänge muss auf das unbedingt notwendige, aber noch realistische Maß gekürzt werden.

6   Ausführen

Position 4 unseres Regelkreislaufmodells zum persönlichen Zeit- und Selbstmanagements ist dem „Ausführen" gewidmet (vgl. Abbildung 36), und zwar in zweierlei Hinsicht. Zum einen geht es darum, mit der optimalen Einstellung ökonomisch zu arbeiten. Zum anderen wird Führungskräften im Handwerk ermöglicht, ihre Einstellung zum Delegieren selbstkritisch zu analysieren und das „Reifegrad-Modell" kennen zu lernen und für die betriebliche Praxis zu nutzen.

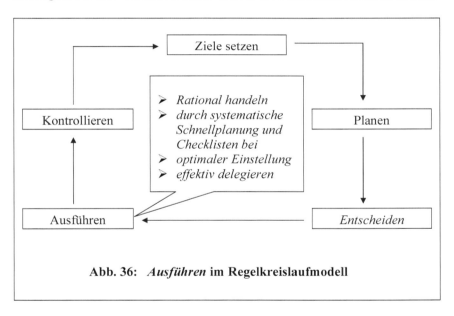

Abb. 36: *Ausführen* **im Regelkreislaufmodell**

Die Tipps zur Arbeitsökonomie liefern Ihnen Denkanstöße, um

➢ eigene Fähigkeiten gezielt einzusetzen

➢ optimale Arbeitsergebnisse zu erwirken

➢ Zeit und Kraft zu sparen
➢ Eigenmotivation zu stärken

➢ Mittel und Möglichkeiten zu maximieren

➢ Erfolg und Leistung zu optimieren

6.1   Erst denken und überlegen – dann handeln!

Wer zum Beispiel als Handwerker den Grundsatz „Erst denken und überlegen – dann handeln!" beherzigt, darf die Devise „Aufgaben sofort angehen" keinesfalls aus den Augen verlieren. Gerade im Handwerk, wo Improvisation und Flexibilität tagtäglich gefordert werden, ist spontanes, intuitives Handeln häufig unumgänglich. Methodische und unmethodische, oft sogar unorthodoxe Arbeitsweisen sollten sich idealerweise ergänzen, wobei jeweils von der konkreten Aufgabenstellung ausgegangen werden muss.

Methodisch vorgehen heißt nicht, nach Schema „F" handeln, sondern schafft Voraussetzungen für überlegtes Handeln für benennbare, fest umrissene, meist häufig wiederkehrende Arbeiten im betrieblichen Alltag.

Das Flussdiagramm auf der Folgeseite (Abbildung 37) verdeutlicht die Vorgehensweise.

Im letzten Kasten des Flussdiagramms wird Ihnen empfohlen, Techniken und Hilfsmittel einzusetzen, um Ihre Arbeit zu vereinfachen.

Als eine mögliche Technik stelle ich Ihnen unter Punkt 6.1.1. die „Schnellplanung in systematischen Schritten" vor.

Hilfsmittel zur Arbeitsrationalisierung sind Checklisten und Vordrucke. Wie Sie derartige Hilfsmittel optimal einsetzen, erfahren Sie unter Punkt 6.1.2.

Abb. 37: Denken vor der Arbeit

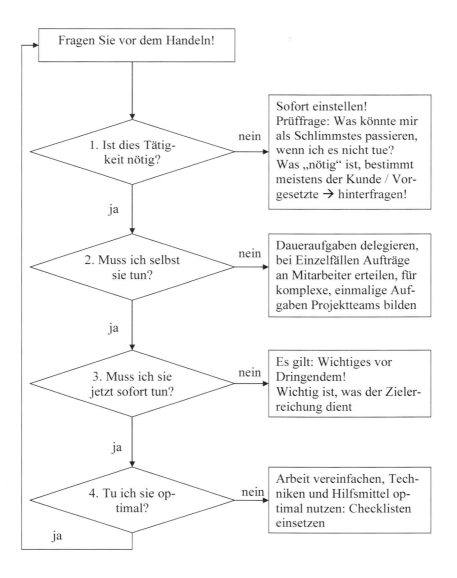

6.1.1   Schnellplanung in systematischen Schritten

Damit Sie auch unter starkem Zeitdruck überlegt handeln und sich nicht nur ausschließlich auf Ihre Intuition verlassen, sollten Sie sich stets Zeit für Kurzüberlegungen nehmen. Die Leitfragen der „Schnellplanung in systematischen Schritten" schützen Sie vor blindem Aktionismus:

1. Was will ich erreichen?

2. Werden besondere Materialien / Werkzeuge / Maschinen benötigt?

3. Was gibt es Besonderes in dieser Situation?

4. Wie kann ich vorgehen?

5. Was will ich vermeiden?

6. Wann ist der beste Zeitpunkt?

7. Was muss ich jetzt tun?

6.1.2   Arbeitsrationalisierung durch Checklisten und Vordrucke

Durch Checklisten gewinnen Sie nicht nur Zeit, indem Sie Ihre wiederkehrenden Arbeiten rationalisieren – Sie haben noch zwei weitere Vorteile:

1. Routinevorgänge müssen nicht immer wieder neu durchdacht werden.

2. Es entfällt die Furcht etwas vergessen zu haben: Checklisten bieten ein Maximum an Sicherheit bei geringem Kontrollaufwand.

Entwickeln Sie Ihre eigenen Checklisten, z.B. für Baustellenbesuche, zur Reisevorbereitung, zur Vorbereitung von Gesprächen und Besprechungen, kurz für alles was sich wiederholt und ähnlich erledigt wird.

Ein Beispiel für eine Checkliste „Besprechungen" finden Sie auf der Folgeseite (Abbildung 38).

Abb. 38:   Checkliste: „Besprechungen"

	Ja	Nein
1. Habe ich den Besprechungstermin mit den wichtigsten Teilneh-mern abgestimmt?		
2. Habe ich alle Teilnehmer schriftlich eingeladen?		
3. Wurde die Einladung schriftlich bestätigt?		
4. Ist die Einladung komplett? ➢ Ort, Datum? ➢ Exakter Beginn? ➢ Exaktes Ende? ➢ Thema / Tagesordnung? (ohne „Verschiedenes") ➢ Name des Leiters ➢ Namen der Teilnehmer? ➢ Aufstellung, welche Vorarbeiten / Unterlagen jeder Teilnehmer mitbringen muss?		
5. Habe ich den Besprechungsraum überprüft? ➢ Ist der Raum groß genug? ➢ Sind genügend Tische und Stühle vorhanden? ➢ Funktioniert Licht / Heizung / Belüftung? ➢ Funktionieren alle technischen Hilfsmittel? ➢ Beeinträchtigen keine Störungen von außen den Ablauf?		
6. Habe ich mich als Leiter gut vorbereitet? ➢ Was soll mit der Besprechung erreicht werden? (schriftlich, in einem Satz fixieren) ➢ Spreche ich so, dass mich alle Teilnehmer verstehen? ➢ Wurde die Redezeit der Teilnehmer begrenzt? ➢ Wurde die Aufmerksamkeit der Teilnehmer berücksichtigt? (Pause nach spätestens 90 Minuten) ➢ Ist geklärt, wer Protokoll führt?		
7. Nach der Besprechung: ➢ Wurde das Ziel erreicht? ➢ Was ist noch zu tun? ➢ Wer muss was tun? ➢ Wer kontrolliert?		

Das Grundgerüst für eine Checkliste können Sie sich – natürlich – mit einer Checkliste erarbeiten:

Arbeit oder Tätigkeit auswählen

➢ die sich wiederholt

➢ die ähnlich erledigt wird

Teilarbeiten notieren

➢ Was muss alles getan werden?

➢ Was muss alles beachtet werden?

➢ Wer muss ggf. gefragt oder kontaktiert werden?

➢ Wer ist zu informieren?

Logische Reihenfolge zusammenstellen

➢ Was hängt voneinander ab?

➢ Welche zeitlichen Bedingungen sind einzuhalten?

➢ Was baut sachlogisch aufeinander auf?

➢ Wo werden Zwischenergebnisse gebraucht?

Gruppenbildung vornehmen

➢ Welche Tätigkeiten wiederholen sich?

➢ Wo gibt es logische Zwischenstopps?

➢ Wo werden gleiche Hilfsmittel gebraucht?

Mit dem Grundgerüst sichern Sie die Vollständigkeit Ihrer Checkliste. Spätestens dann, wenn unterstellte Mitarbeiter Ihre Formulare verwenden sollen, sollten Sie über das Abfassen von vorstrukturierten Texten nachdenken. Die folgenden Leitfragen unterstützen Sie nicht nur bei Ihren Bemühungen verständliche und einfach handhabbare Checklisten zu formulieren, sondern zeigen darüber hinaus, wie Sie gute, zeitsparende Vordrucke erstellen:

➢ Wie häufig wird die Checkliste / der Vordruck wahrscheinlich innerhalb des Jahres verwandt? (Kleinste Auflage bei Vordrucken: mindestens 100 Stück)

➢ Werden sich keine zu häufigen Zusätze während des Gebrauches ergeben?

➢ Sind alternative Lösungen überall untergebracht, wo sie notwendig sein könnten? (Einfachster Fall: Herr / Frau)

➢ Ist der Text so stark wie möglich verkürzt? Bleibt er dennoch klar und unmissverständlich?

➢ Bleibt der Inhalt übersichtlich, das Schriftbild groß genug?

➢ Ist der Stil freundlich genug oder befehlend, bzw. unpersönlich?

➢ Handelt es sich um modernen Briefstil mit vielen Tätigkeitswörtern und wenig Hauptwortkonstruktionen, Partizipien und Adjektiven, wenn das Formular vollständige Sätze umfasst?

➢ Ist weitgehend auf Fach- oder Fremdwörter verzichtet worden, die nicht alle Ausfüller oder Empfänger verstehen werden?

➢ Muss ein neues Formular verfasst werden oder hätte die Umarbeitung, bzw. Ergänzung eines bereits verwandten Formblattes ausgereicht?

➢ Ist für einzutragende Texte genügend freier Raum gelassen worden?

Probleme bei der Arbeit mit Checklisten und Vordrucken ergeben sich, wenn

➢ die Zweckmäßigkeit des Formulars nicht ausreichend überdacht wurde. So geschieht immer wieder, dass Vordrucke eine von der Sache her nicht mehr zu verantwortende Lebensdauer haben. Sie werden schlicht und ergreifend einfach übernommen, ohne dass nachgedacht wird, ob das Ausfüllen dieses Formulars noch Sinn macht. Hinterfragen Sie deshalb, ob ältere Formulare noch zeitgemäß Ihren Ansprüchen genügen!

> zu viel frei zu formulierender Text einzutragen ist. In diesem Fall muss das Formblatt möglichst schnell ergänzt werden. Klären Sie vorher, wer die Checkliste zu welchem Zweck braucht!

> der Ausfüllende zu viel Denkarbeit beim Umgang mit der Checkliste leisten muss. Prüfen Sie deshalb, wie schwierig die Fragen von Sprache, Inhalt oder Struktur her abgefasst sind!

> der Sprachstil nicht dem heutigen Sprachempfinden und der Einstellung moderner Menschen zueinander entspricht. Z.B. werden Mahnformulare heute deutlich höflicher verfasst als früher.

> der Text viel zu lang ist, weil mehr gefragt wird als unbedingt notwendig. Das Ausfüllen von Formularen verärgert grundsätzlich, massive Verärgerung wird ausgelöst, wenn man sich gänzlich unnötig von „wichtiger" Arbeit abgehalten fühlt.

> dem Ausfüller unklar ist, wozu die Antworten benötigt werden. Ein freundlicher und überzeugender Text sollte motivieren. Formulieren Sie also höflich, kurz aber präzise, verständlich und nachvollziehbar!

Checklisten und Vordrucke zu erstellen kostet natürlich anfänglich Zeit. Daher scheut sich mancher Handwerker vor dieser „Mehrarbeit". Aus der A-B-C-Analyse (vgl. Punkt 5.1.) geht jedoch eindeutig hervor, dass gerade der Aufwand für wiederkehrende Tätigkeiten einen großen Anteil der Gesamtarbeitszeit blockiert. Entwickeln Sie daher Checklisten und Formulare – auf mittlere und lange Sicht werden Sie Zeit gewinnen!

6.2   Unbewusste Kräfte nutzen!

Während eines Geschäftsessens sprachen ein Inhaber eines Handwerksbetriebes und ich über unseren gemeinsamen Ausgleichssport: Jogging. Im Zusammenhang damit berichtete mein Gesprächspartner über ein auch mir bekanntes, bemerkenswertes Phänomen:

Letztlich hatte er sehr lange, angestrengt bis verzweifelt über die Lösung eines kniffligen Problems im Zusammenhang mit einem neuen Projekt nachgedacht. Je länger er grübelte, umso weniger kam er voran. Getreu dem Motto „Kommt Zeit – kommt Rat!" gab er fürs Erste ergebnislos auf. Zu Hause angekommen, wollte er sich seinen Frust von der Seele laufen und begann seine gewohnte

Strecke zu joggen. Nach dem ersten Drittel hatte er das Gefühl, langsam abzuschalten, ab dem zweiten Drittel lief er nur noch. Am Ende des letzten Drittels hatte er plötzlich klar vor Augen, wie er das Problem lösen könnte – und das, ohne sich zu diesem Zeitpunkt auch nur mit einem Gedanken zielgerichtet mit dem Problem beschäftigt zu haben!

Das Erlebnis meines Gesprächspartners zeigt – auf den Punkt gebracht:

Alle gestellten Probleme beschäftigen auch das Unbewusste!

Unbewusste Kräfte arbeiten weiter an unseren Problemen während wir zwischenzeitlich schon etwas ganz anderes tun. Ob wir joggen, Auto fahren, Geschirr abwaschen – was auch immer – scheinbar aus dem „Nichts" wird uns klar, was im Hinblick auf eine bestimmte Problemstellung wie zu tun ist, ohne dass wir uns zu dem Zeitpunkt konkret damit beschäftigt haben.

Sie müssen nicht darauf warten, dass Ihre unbewussten Kräfte Ihnen zufällig irgendwann irgendetwas mitteilen – Sie können Ihre unbewussten Kräfte gezielt für sich arbeiten lassen. Der Schlüssel zum Erfolg liegt im „Prinzip der Schriftlichkeit". Schriftliche Vereinbarungen haben einen höheren Stellenwert als mündliche! Dies gilt auch für Fixierungen, die „nur" Sie selbst betreffen.

Mobilisieren Sie durch bewusste schriftliche Fixierung Ihre unbewussten Kräfte!

Z.B. am Vorabend, vor einer Sitzung, einem wichtigen Gespräch und generell bei langfristigen Zielen und Aufgaben.

6.3 Phantasievoll hinterfragen!

Die Situation dürfte so oder so ähnlich jedem vertraut sein: „Johannes – bringst Du bitte den Müll nach draußen?" Egal – ob Sie in die Rolle des Bittstellers oder in die Rolle des zwölfjährigen Sohnes schlüpfen – die Antwort ist voraussagbar: „Warum ich? – Wieso immer ich? – Das ist nicht mein Job! – Dieter kann das genauso gut!"

Bevor unsere Kids irgendetwas in die Hand nehmen, fragen sie:

➢ Warum ist das so?

➢ Muss das so sein?

➢ Wie könnte es anders sein?

Viele Handwerker haben die Fähigkeit, ihr Tun kreativ zu hinterfragen und ihre Phantasie einzusetzen durch jahrelange, selbstverständliche, schematische tägliche Routine verloren. Andererseits – jeder Mensch ist grundsätzlich phantasiebegabt und kreativ. Nehmen Sie sich ein Beispiel an unseren Kids – seien Sie kreativ und entwickeln Sie Ihren eigenen Fragebogen, um phantasievoll Ihren Arbeitsalltag zu hinterfragen.

Stellen Sie sich vor, Sie erhielten den Auftrag, in vierzehn Tagen ein Interview mit sich selbst über Ihren Arbeitsalltag zu führen. Bestimmen Sie den Inhalt, wie weit Sie ins Detail gehen wollen und wie „intim" Ihre Fragen zu privaten und beruflichen Aspekten sein sollen!

Halten Sie jede Frage schriftlich auf einer besonderen Karte fest! Es gilt: je mehr – umso besser! Ordnen Sie anschließend alle Karten! Mögliche Themenfelder: Beruf, Familie, Sport, Religion, Gesundheit usw. Fassen Sie das Ergebnis Ihrer Überlegungen in einem Fragebogen zusammen!

Beantworten Sie Ihren Fragebogen erst vierzehn Tage später. Zwischenzeitliche Einfälle halten Sie schriftlich fest! Zur schriftlichen Beantwortung Ihrer Fragen sollten Sie sich ausreichend Zeit nehmen. Seien Sie ehrlich zu sich selbst!

Lassen Sie den Fragebogen ein, zwei Tage liegen. Überprüfen Sie dann, ob alle Fragen tatsächlich ehrlich beantwortet wurden und lassen Sie diese auf sich wirken.

Reflektieren Sie Ihr Selbstinterview, indem Sie fragen:

➢ Musste ich irgendwelche Kompromisse eingehen, als ich die Fragen beantwortete?

➢ Zweifelte ich am Sinn der einen oder anderen Antwort?

➢ Was möchte ich künftig ändern?

➢ Wo muss ich neue Perspektiven entwickeln?

➢ Welche neuen Ziele muss ich mir setzen?

➢ Welche Prioritäten muss ich verändern?

➢ Welche Schlussfolgerungen ergeben sich für mein Zeitmanagement?

Bewahren Sie Ihr Selbstinterview auf! Notieren Sie in Ihrem Zeitplanbuch einen Termin mindestens ein halbes Jahr später, an dem Sie sich Ihren Fragebogen erneut vorlegen. Analysieren Sie selbstkritisch, wo Sie jetzt stehen und was sich zwischenzeitlich getan hat. Sollte sich nichts verändert haben, fragen Sie:

➢ Warum?

➢ Muss das wirklich so sein?

➢ Wie könnte es anders sein?

Erkennen Sie die Fragen wieder?

6.4   Mit der „inneren Uhr" leben

Spielen wir doch einmal „Mäuschen" morgens im Gruppenraum. Dirk ist schon da, als Christian mit einem „Tach" unvermittelt in der Tür steht. Klar, dass er was zu erzählen hat, Spruch folgt auf Spruch als die Tür erneut aufgeht – Michael schleppt sich rein, wortlos nickt er den beiden zu. Obwohl er mit Christian schon einiges bewerkstelligt hat und ihn als fachkundigen Kollegen schätzt – dieses Geplapper am Morgen nervt ihn.

Was sich dort allmorgendlich im Gruppenraum abspielt weist auf die Existenz von „Biorhythmen" hin. Manche Rhythmen sind kurz, können in Minuten oder Stunden gemessen werden, andere dauern Tage, Wochen, Monate oder unterliegen einem jahreszeitlichen Zyklus. So erreicht bei den meisten die Körpertemperatur am Abend ihren Höhepunkt – ein physikalisch messbarer Hinweis auf einen täglichen Rhythmus.

Wer seine „innere Uhr" kennt, hat die Möglichkeit, sein Leben so zu gestalten, dass er *mit* seinen natürlichen Rhythmen arbeitet statt gegen sie. Berücksichtigen Sie deshalb die Schwankungen Ihrer persönlichen Leistungsbereitschaft, wenn Sie sich Ihre Arbeit einteilen. Fragen Sie sich:

➢ Wann kann ich was am besten?

➢ Welche Tätigkeiten fallen mir zu welchen Zeitpunkten schwer?

➢ Zu welchen Tageszeiten habe ich das Gefühl, besonders leistungsstark zu sein?

Wie sich die Leistungsbereitschaft im Allgemeinen im Tagesverlauf darstellt, lässt sich der Kurve in Abbildung 39 entnehmen:

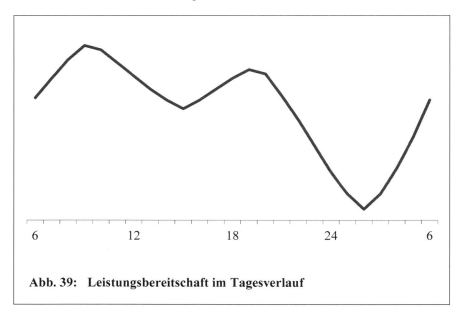

Abb. 39: Leistungsbereitschaft im Tagesverlauf

Als Faustregel gilt:

Nehmen Sie Arbeiten, die Sie besonders stark fordern dann in Angriff, wenn Sie sich im Leistungshoch befinden. Arbeiten, die Ihnen leichter fallen, gehören ins „Mittagsloch".

Möglicherweise entdecken Sie bei der Beantwortung der oben gestellten Fragen jedoch, dass sich Ihre Leistungsschwankungen anders verteilen. Dies liegt dann daran, dass Sie entweder wie Christian in unserer Geschichte ein Morgentyp oder aber wie Michael ein Abendtyp sind.

Von vielen Handwerkern weiß ich, dass ihr Arbeitstag gegen 7 Uhr beginnt und zwischen 19 und 20 Uhr endet. Abbildung 40 zeigt den unterschiedlichen Verlauf der Leistungskurve bei Morgen und Abendtypen in dieser Zeitspanne.

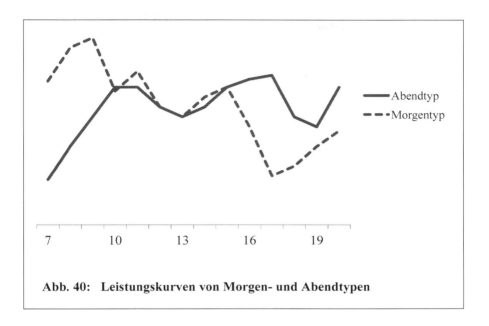

Abb. 40:   Leistungskurven von Morgen- und Abendtypen

Der Morgentyp denkt und handelt gemäß der Devise „Der frühe Vogel fängt den Wurm" und erreicht zügig gegen 8 Uhr sein Leistungshoch. Nach einem Wachheitsknick steigt seine Leistungskurve erneut gegen 11 Uhr, um dann zu Mittag erneut abzufallen. Nach dem Mittagsloch steigt seine Kurve wieder leicht an. Um ca. 17 Uhr geht es dann rapide bergab. Er rappelt sich gegen Abend zwar wieder auf, baut ab 19 Uhr jedoch mehr und mehr ab. In der Abendzeit ist für den Frühaufsteher Vorsicht angesagt, denn „Vögel, die am Morgen singen, holt am Abend die Katze."

Die Leistungshochs des Abendtyps liegen zwischen 11 und 12, gegen 16 und zwischen 21 und 23 Uhr. Sein Wahlspruch lautet: „Wer morgens zerknittert aufwacht, hat tagsüber viel Zeit, sich zu entfalten." Abendtypen haben häufig Schwierigkeiten, frühe Termine rechtzeitig wahrzunehmen. Für sie gilt dann: „Wer nicht kommt zur rechten Zeit, der muss sehen, was dann übrig bleibt."

Unabhängig davon ob Sie nun Morgen- oder Abendtyp sind – als Fazit aus diesen Überlegungen sollten Sie Ihre „starken" Zeiten für wichtige und schwierige Arbeiten vorsehen. Sie verschwenden Energie, wenn Sie beispielsweise als Morgentyp den Tag damit beginnen, die Post zu bearbeiten. Und das möglicherweise nur, weil das in Ihrer Firma immer so gemacht wurde.

Entdecken Sie Ihren täglichen Rhythmus! Schaffen Sie sich genau dann Freiräume, wenn Sie sich im Leistungshoch befinden. Sichern Sie, dass Sie genau dann Ihre wichtigen Arbeiten mit maximaler Energie bewältigen.

Wenn Sie herausgefunden haben, wie sich Ihre Leistungshöhen und -tiefen über den Tag verteilen, und sich zu diesen Zeiten „stille Stunden" eingerichtet haben, haben Sie den wichtigen ersten Schritt getan. Im zweiten Schritt geht es darum, zu den entdeckten Zeitpunkten genau die wichtigen Aufgaben zu erledigen, die von ihren Anforderungen her, Ihnen zu dieser Tageszeit besonders leicht fallen.

Für die betriebliche Praxis lassen sich hierzu nützliche Tipps aus den Ergebnissen einer noch jungen Wissenschaft, der Chronobiologie ableiten. Chronobiologen beschäftigen sich mit den Strukturen unseres Gehirns, die unsere „innere Uhr" steuern und mit ihr lebensbestimmende Rhythmen in Gang setzen und halten, wie z.B. den Schlaf-Wach-Rhythmus. Einige Ergebnisse sind besonders bedeutsam, wenn wir unser berufliches Handeln arbeitsökonomisch gestalten möchten:

Unser Kurzzeitgedächtnis ist am Morgen um 15 % leistungsfähiger als zu anderen Tageszeiten. Wenn es also darum geht Wörter und Zahlen im Kopf zu jonglieren, sind die Leistungshochs in der erste Tageshälfte vom Zeitpunkt her genau richtig. Ihre Budgetplanung, die Erarbeitung komplexer Angebote oder ein Kassensturz gehen Ihnen dann leichter von der Hand. Auch lohnt es sich, wenn Sie Ihre Notizen unmittelbar vor morgendlichen Sitzungen kurz überfliegen und rekapitulieren. Wichtige Fakten lassen sich dann schnell und sicher in der Besprechung aus dem Gedächtnis abrufen.

Große geistige Anstrengungen wie die Planung einer Anlage oder das Schreiben eines umfangreichen Berichts lassen sich ebenfalls am besten zu den Leistungshochs in der ersten Tageshälfte bewältigen. Dies gilt auch für Problemlösekonferenzen, wo Kreativität und produktives Denken gefordert sind.

Möchten Sie etwas so lernen, dass Sie sich noch nach Tagen, Wochen oder Monaten daran erinnern? Dann liegen Sie zu Ihren Leistungshochs in der zweiten Tageshälfte genau richtig. Unser Langzeitgedächtnis arbeitet dann deutlich besser. Ihre nächste Präsentation bei einem Kunden, Ihre Rede auf der bevorstehenden Betriebsversammlung oder zum Jubiläum des verdienstvollen Gesellen sollten Sie deshalb am Nachmittag einstudieren. Ihren Spickzettel können Sie dann zwar zur Sicherheit noch mitnehmen, aber Sie werden ihn wohl kaum noch brauchen.

Einfache, unkomplizierte Tätigkeiten, die Ihr Gedächtnis nicht sonderlich belasten wie Ablegen, Sortieren, Post durchsehen usw. gehören in die Leistungstiefs.

Wenn Sie Ihren Mitarbeitern zeigen möchten, dass Sie als Meister auch noch etwas anderes gelernt haben, als Anweisungen zu geben – nehmen Sie Ihr Werkzeug am besten in den späten Nachmittagsstunden in die Hand. Dann erreicht nämlich unsere manuelle Geschicklichkeit ihren Höhepunkt. Ihre Gesamtkoordination stimmt zu Ihrem Leistungshoch in der zweiten Tageshälfte.

Was Ihren Ausgleichssport angeht – Ausdauersportarten und Konditionstraining fallen am Abend leichter, wenn die Körpertemperatur am höchsten ist. Kein Wunder, dass Spitzensportler immer wieder mit den Organisatoren von Großveranstaltungen über den richtigen Zeitpunkt für ihre Wettkämpfe streiten – die einen wollen Bestleistungen, die anderen publikumswirksame Sendezeiten.

Legen Sie den Termin für ein Geschäftsessen in den frühen Abend. Unsere Sinne sind dann am besten ausgebildet – und (nicht nur) Ihrem Geschäftspartner soll es ja richtig gut gehen.

Chronobiologen haben neben den täglichen Schwankungen, den sogenannten zirkadianen Rhythmen (lat.: dies – der Tag) auch „ultradiane" Rhythmen untersucht. Ultradiane Rhythmen ereignen sich im Tagesverlauf und dauern weniger als 20 Stunden, wie z.B. unser Herzschlag. Besonders bedeutsam für die Bewältigung der tagtäglichen beruflichen Hektik sind neunzigminütige Schwankungen, die unser Energiemaß und unseren Aufmerksamkeitsgrad betreffen.

So lassen sich im Schlaf alle neunzig Minuten sogenannte R.E.M.-Phasen beobachten (R.E.M.: Rapid Eye Movements = schnelle Augenbewegungen). Genau dann träumen wir. Diese neunzigminütigen Rhythmen gehen tagsüber weiter. Vielleicht war Ihr Tagtraum bei der letzten Projektbesprechung das Ergebnis eines solchen Rhythmus.

Als Seminarleiter ist mir der 90-Minuten-Takt sehr geläufig. Die Raucher rutschen spätestens nach 90 Minuten unruhig hin und her. Sie brauchen ihre „Zigarettenpause", die sie dann auch einfordern. Auch bei ihren nichtrauchenden Kollegen nimmt nach 90 Minuten nicht nur die Aufmerksamkeit deutlich ab, auch die Konzentration vermindert sich zusehends. Deswegen sollten bei langen Besprechungen oder Schulungen stets nach 90 Minuten Kurzpausen eingeplant werden.

Am Arbeitsplatz lässt sich ein ähnliches Phänomen beobachten. Handwerker, die rauchen, legen für ein „Zigarettchen" eine Auszeit ein, in der sie über ihr Werk schauen, hier und da eine Minimalkorrektur vornehmen. Ihre nichtrauchenden Kollegen betrachten derweil ebenfalls das Geleistete noch einmal, wechseln für einen kurzen Moment ihren Standort, rücken hier und da etwas zurecht, oder stellen sich für einen kurzen „Schnack" zu den Rauchern. Danach geht's zügig weiter. Es war einfach wichtig, mal für eine kleine Weile abzuschalten.

Was Sie dort beobachten können, sollten auch Sie praktizieren. Nur – lassen Sie die Zigarette besser weg! Nutzen Sie Ihr Wissen um die neunzigminütigen ultradianen Rhythmen, um zum richtigen Zeitpunkt kurz von Ihrer Arbeit geistig auszuspannen. Wie Ihnen das selbst bei starker Anspannung gelingt, erfahren Sie im nächsten Kapitel!

6.5   Entspannen bei starker Anspannung

Ungefähr so klingt es, wenn Handwerker klagen: „Mein Tag ist mit so vielen Dingen vollgestopft. Wir sind einfach zu wenige. Täglich kommen neue Anforderungen auf uns zu. Man kann förmlich dabei zusehen, wie die Arbeit wächst." Obwohl jedem Betroffenen klar ist, dass er wohl kaum auf Dauer solchem Druck gewachsen ist, scheut er davor zurück, sich selbst etwas Gutes zu tun. Statt immer wieder einmal kurz von der Arbeit abzuschalten, steigert er sich in hektische Betriebsamkeit. Unerledigte Arbeiten werden mit nach Hause genommen, eingesparte Zeit wird für zusätzliche Aufgaben eingesetzt – ein Teufelskreis entsteht, indem die Arbeit immer mehr zum Selbstzweck wird.

Wer in diesem Teufelskreis gefangen ist, hat natürlich Schwierigkeiten damit, sich selbst ein wenig Zeit zum Entspannen zu gönnen. Nicht selten wird so argumentiert: „Gut, ich sehe ja ein – Entspannen von der Arbeit ist wichtig, nur – dafür habe ich bei dem Stress nun wirklich keine Zeit." Pausen werden als überflüssig empfunden, oft genug sogar als Schwäche gesehen. Es offenbart sich ein inneres Gebot, das verhindert, dass sich kurze Verschnaufpausen gegönnt werden: „Sei immer stark". Es gilt, dieses innere Gebot zumindest selbstkritisch zu hinterfragen. Erst dann macht es überhaupt Sinn, sich damit zu beschäftigen, wie man erfolgreich immer wieder einmal kurz von der Arbeit abschalten und entspannen kann, um neue Kraft für das weitere Arbeiten zu schöpfen. Prüfen Sie daher mit dem Fragebogen (Abbildung 41), ob und wie stark Sie Ihr Handeln nach dem inneren Gebot „Sei immer stark" ausrichten.

Abb. 41:   Fragebogen: Handle ich nach dem Gebot „Sei immer stark"?

Aussage	trifft ... zu				
	voll	meist	teils	selten	nicht
Meine Schwächen verberge ich, wo es geht.	5	4	3	2	1
Meine Gefühle zu identifizieren und zu beschreiben, macht mir Mühe.	5	4	3	2	1
Meine Schale scheint hart zu sein, doch mein Kern ist weich.	5	4	3	2	1
Ich kann schlecht um Hilfe bitten.	5	4	3	2	1
Im Umgang mit anderen achte ich auf Distanz.	5	4	3	2	1
Gefühle haben im Beruf nichts zu suchen.	5	4	3	2	1
Ich bin hart zu mir und anderen.	5	4	3	2	1
So schnell kann mich nichts erschüttern.	5	4	3	2	1
An einmal getroffenen Entscheidungen halte ich eisern fest.	5	4	3	2	1
Ich schaffe gern „vollendete" Tatsachen.	5	4	3	2	1

Jeder Einschätzung ist eine Punktzahl zugeordnet.
Addieren Sie die Werte zu Ihrer Gesamtpunktzahl!

Auflösung

Weniger als 17 Punkte:

Sie laufen keine Gefahr, sich unnötig stark unter Druck zu setzen. Nutzen Sie Ihr Wissen um den neunzigminütigen ultradianen Rhythmus. Erschließen Sie durch kurze Pausen zum richtigen Zeitpunkt Ihr Kraftpotential zur erfolgreichen Aufgabenerledigung.

18 – 27 Punkte:

Sie sind hin und wieder versucht, sich selbst übermäßig stark beweisen zu wollen. Mit ein wenig mehr Einsicht in die Notwendigkeit, wird es Ihnen jedoch gelingen, neue Energie aus kurzen Verschnaufpausen zum chronobiologisch richtigen Zeitpunkt im Tagesverlauf zu gewinnen.

Über 28 Punkte:

Sie sollten Ihre Einstellung dringend überdenken. Ihre Neigung sich selbst übermäßig unter Druck zu setzen, ist sehr stark ausgeprägt. Sie sollten stärker auf sich achten. Erlauben Sie sich Verschnaufpausen, in denen Sie neue Kraft für Ihr weiteres Wirken schöpfen.

Wie auch immer Ihr Ergebnis ausgefallen ist – wenn Sie sich dafür entscheiden, selbst unter großer beruflicher Anspannung immer wieder einmal eine Pause einzulegen, hilft Ihnen die folgende Übung, inneren Stress abzubauen und sich zu entspannen. Sie benötigen nichts weiter als ein wenig Phantasie. Es geht vor allem darum „so zu tun, als ob".

In einer anstrengenden Situation schauen Sie sich kurz um. Suchen Sie sich einen etwas erhöhten Standort, von dem aus Sie sich selbst gut sehen könnten. Tun Sie nun so, als ob Sie sich von dieser erhöhten Position aus wahrnehmen könnten. Von dort oben können Sie sich nur sehen und hören. Unten am Arbeitsplatz haben Sie alle Sinne zur Verfügung.

Versuchen Sie diesen Schritt konzentriert so lange, bis es Ihnen gelingt, sich selbst innerlich aus der distanzierten Position klar vor Augen zu haben und deutlich alles zu hören, was um Sie herum geschieht. Den besten Zeitpunkt für diesen ersten Schritt bestimmt Ihr neunzigminütiger ultradianer Rhythmus, wenn Ihre Aufmerksamkeit und Konzentration nachlassen und Sie ohnehin zum „Tagträumen" neigen.

Sobald es Ihnen gelungen ist, sich in Gedanken dort oben zu positionieren, betrachten Sie aufmerksam Ihr anderes „Ich" dort unten am Arbeitsplatz. Was genau müssten Sie dort unten wahrnehmen, um diese angespannten Situation zu meistern? Alles was Sie dort unten brauchen, um besser zurecht zu kommen, wissen Sie – es liegt in Ihnen selbst!

Schicken Sie Ihre Empfehlungen an Ihr anderes Ich, welches gleichzeitig dort unten den druckvollen Anforderungen ausgesetzt ist. Erst wenn Sie sicher sind, dass alle Einfälle übermittelt wurden, verlassen Sie Ihre Position und begeben sich wieder voll in Ihr wirkliches Ich am Arbeitsplatz.

Tun Sie so, als ob Sie erst jetzt, mit einer kleinen Zeitverzögerung Ihre Ideen erhalten. Achten Sie darauf, wie sich die Empfehlungen auf Ihr inneres Erleben auswirken. Lassen Sie es zu, dass innere Bilder, akustische Wahrnehmungen und Gefühle entstehen, die Ihnen den Weg weisen, besser mit der angespannten Situation zurechtzukommen.

Nehmen Sie Ihre Empfehlungen ernst und handeln Sie entsprechend. Sie werden erstaunt sein, wie sehr diese Übung dazu beiträgt, Ihren inneren Stress abzubauen.

6.6   Durch positives Denken zu mehr Energie!

Unsere Gedanken spielen eine grundlegende Rolle für unsere Motivation, unser Selbstwertgefühl und nicht zuletzt für unsere Leistung. Mit unseren Gedanken schaffen wir uns unsere eigene persönliche Wirklichkeit, die mit der objektiven Wirklichkeit nicht unbedingt in Einklang stehen muss. Es liegt in erster Linie an uns selbst, ob wir mit Freude und Engagement bei der Arbeit sind oder sie als leer und belastend empfinden.

Unser Denken wirkt sich auf unsere Stimmung aus. Wie das geschieht, lässt sich mit einem zweistufigen Gedankenexperiment gut nachvollziehen. Nehmen Sie sich ein wenig Zeit und machen Sie mit!

In Stufe 1 unseres Experiments konzentrieren Sie sich bitte auf alles was in letzter Zeit nicht so recht geklappt, schiefgelaufen oder gar misslungen ist. Lassen Sie all die Schwierigkeiten Revue passieren, mit denen Sie zu kämpfen hatten. Wenn Sie merken, wie sich Ihre Stimmung und damit Ihre Motivation dem Nullpunkt nähern, beginnen Sie mit Stufe 2.

Vergegenwärtigen Sie sich alles, worauf Sie stolz sein können. Besinnen Sie sich auf Ihre Erfolge, auf die schönen Seiten des Lebens. Lassen Sie innere Bilder entstehen, bei denen Sie einen Moment verweilen, bevor Sie zum nächsten wechseln. Sie werden schnell merken, wie Ihre Stimmung zusehends besser wird. Mit jedem Erfolgsbild „tanken" Sie förmlich Kraft und Lust für Ihre Arbeit.

Fassen wir das Ergebnis unseres Gedankenexperiments zusammen:

Positive Denkmuster steigern Ihre Energie, Sie gehen motivierter, zuversichtlicher und leistungsfähiger zu Werk. Negative Denkmuster blockieren Sie, vermitteln den Eindruck, dass es sich ohnehin nicht lohnt, sich weiter anzustrengen und Ihre Ziele anzustreben.

Fazit: Erleben Sie Ihre Arbeit positiv!

Lassen Sie sich nicht durch demotivierende Einstellungen zusätzlich belasten. Denn: Wer Schlimmes erwartet, bekommt es auch!

Je mehr Sie z.B. befürchten, bei einem neuen Projekt unzureichend informiert zu werden, oder je mehr Sie meinen, es nicht schaffen zu können, umso wahrscheinlicher werden Sie Recht behalten. Sie verkrampfen sich, werden unsicher und versagen schließlich tatsächlich.

Wenn Sie z.B. bei einer neuen Aufgabe annehmen, dass Sie das *nie* hinkriegen, weil Ihnen *immer* die Zeit wegläuft, und Ihnen ohnehin *keiner* hilft, weil *alle* nur mit sich selbst beschäftigt sind, sollten Sie schleunigst dieser pessimistischen „Schwarzmalerei" Einhalt gebieten.

Verändern Sie derartige demotivierende Einstellungen, indem Sie die ihnen zugrunde liegenden Denkmuster entdecken und richtig stellen. Fragen Sie sich:

➢ Was sage ich zu mir selbst in Belastungssituationen?

➢ Welche Erwartungen oder Befürchtungen habe ich?

➢ Wem schreibe ich meine Probleme zu?

➢ Sehe ich nur die negativen Seiten?

➢ Verallgemeinere ich?

➢ Habe ich zu hohe / falsche Erwartungen?

➢ Führe ich durch meine Befürchtungen unangenehme Situationen herbei?

➢ Schiebe ich meine Probleme auf die Umwelt?

➢ Fühle ich mich unnötig hilflos?

➢ Dramatisiere oder übertreibe ich?

➢ Wie sehen andere die gleiche Situation?

➢ Welche negativen Konsequenzen hat die Einstellung für mich selbst?

➢ Inwiefern schade ich mir mit meiner Einstellung?

➢ Was würde geschehen, wenn ich die alte Einstellung ändern könnte?

Mit Hilfe der Fragen kommen Sie demotivierenden Einstellungen auf die Spur, z.B.: „Das wird *nie* hinhauen, weil *niemand* sich an die Absprachen halten wird. Mein Chef wird mich früher oder später *sowieso* zurückpfeifen. Das macht er *immer*. Außerdem hat mich *keiner* auf so etwas vorbereitet. Mein Scheitern ist *unumgänglich*." Setzen Sie derartigen, meist hartnäckigen demotivierenden Einstellungen positive Denkmuster entgegen:

➢ Ich darf auch Fehler machen!

➢ Ich übernehme Verantwortung für mein Wohlbefinden und meinen Erfolg!

➢ Ich sorge dafür, dass ich meine Arbeit so frei wie möglich gestalten kann!

➢ Aus schwierigen Aufgaben lerne ich!

➢ Ich achte auf meine persönlichen Leistungsgrenzen, ich sorge für mich!

➢ Ich schaue vorwärts, baue meine Fähigkeiten aus!

Indem Sie negative Einstellungen auf diese Weise umstrukturieren, werden Sie motivierter zu Werke gehen. Kippen Sie durch positives Denken Ihre Stimmung:

Ein halbgefülltes Glas ist nicht halb leer, sondern halb voll!

Kleine tägliche Rituale helfen Ihnen, Ihre positive Denkstruktur zu festigen.

Gönnen Sie sich Zeit vor Arbeitsbeginn, indem Sie

➢ gemütlich aufstehen,

➢ in Ruhe frühstücken und

➢ gelassen zur Arbeit fahren.

Stimmen Sie sich in aller Ruhe auf den Tag ein, indem Sie

➢ nochmals die Tagesplanung überprüfen,

➢ und zwar nach Wichtigkeit und Dringlichkeit.

Gewinnen Sie jedem Tag etwas Positives ab, indem Sie etwas tun,

➢ was Ihnen Freude bereitet,

➢ das Sie spürbar Ihren Tageszielen näher bringt,

➢ das Ihnen Ausgleich zur Arbeit verschafft.

Beenden Sie Ihre Arbeit bewusst und gewissenhaft, indem Sie

➢ einen ehrlichen SOLL-IST-Vergleich vornehmen,

➢ prüfen, weshalb Sie eine Aufgabe nicht erfüllt haben,

➢ den Plan für den nächsten Tag erstellen,

➢ überlegen, wie Sie den Abend verbringen wollen.

Kurzum:

Sorgen Sie für sich selbst und erleben Sie Ihre Arbeit positiv!

Denn:

Wer positiv eingestellt ist, schafft mehr und handelt ökonomischer!

6.7 (Zeit-)Management by Delegation

Analog zu unserem Regelkreislaufmodell zum persönlichen Zeit- und Selbstmanagement lässt sich für die Mitarbeiterführung ein ähnlicher Kreislauf bilden. Die Stufen dort lauten: Ziele vereinbaren oder vorgeben – (Gemeinsam) planen und entscheiden – Ausführen lassen – (Gemeinsam) kontrollieren und bewerten. Jeder Stufe lassen sich so genannte "Management by - Techniken" zuordnen. So passt beispielsweise zur ersten Stufe „Ziele vereinbaren oder vorgeben" das „Management by Objectives". Im Kern geht es bei dieser Führungstechnik darum, die Leistungen von einzelnen Mitarbeitern und Teams auf (selbst)gesteckte Ziele auszurichten. Die Wege zur Zielerreichung werden den Mitarbeitern weitgehend selbst überlassen, um Ihnen individuelle Handlungsspielräume und ein hohes Maß an Selbstverwirklichung zu ermöglichen.

Das „Management by Delegation" („Führen durch Delegieren") bezieht sich auf Stufe 3 „Ausführen nach Vorgabe" und handelt davon, wie Führungskräfte im Handwerk Aufgaben an ihre Mitarbeiter übertragen sollen. Einerseits geht es darum, Führungskräfte zu entlasten, damit sie mehr Zeit für unternehmerische Tätigkeiten gewinnen. Andererseits sollen Mitarbeiter durch Aufgabenübertragung mehr Selbstständigkeit und Verantwortung erhalten. Im Idealfall profitieren also beide Seiten – wenn „echt" delegiert wird.

Bei einer *„echten"* Delegation wird nicht nur die *Aufgabe*, sondern es werden auch die *Verantwortung* und damit verbundene *Entscheidungsbefugnisse vollständig* übertragen. Oft sieht die betriebliche Praxis jedoch anders aus:

Da wird einem Handwerker die Aufgabe übertragen, ein Teilprojekt in einer bestimmten Frist fertig zu stellen. Schafft er es nicht, wird er selbstverständlich zur Verantwortung gezogen. Nur – mal eben fehlende Kleineisenteile besorgen, das darf er nicht. Er hat weder ein Budget, noch die „Entscheidungsbefugnis" zum Erwerb. Jetzt – just in time – steht er da und versucht, seinen Meister zu erreichen, damit der ihm eine „Genehmigung erteilt". Ohne die Kleineisenteile geht nichts – kleine Ursache, große Wirkung – malen sie sich den Stress selbst aus, wenn der Handwerker den Projektleiter nicht erreicht!

Am Ende steht die massive Frustration des Handwerkers. Hauptursache: Es wurde nicht vollständig delegiert. Er erhielt zwar die Aufgabe und die Verantwortung, aber keine Entscheidungsbefugnisse.

Echte Delegation setzt wirkliches Vertrauen in die Kompetenz des Mitarbeiters voraus. Ist dieses Vertrauen nicht gegeben, sind zwei Ursachen denkbar:

1. Die Führungskraft ist sich der Bedeutung des Delegierens nicht bewusst und verfügt nicht über die richtige Einstellung zum Delegieren.

2. Der Mitarbeiter besitzt noch nicht den richtigen „Reifegrad" zur vollständigen Aufgabenübertragung.

Nutzen Sie die folgenden Ausführungen, um Ihre Einstellung zum Delegieren selbstkritisch zu hinterfragen.

Lernen Sie im Weiteren das Reifegrad-Modell kennen. Es zeigt, wie Sie Ihre Mitarbeiter stufenweise zur „Delegationsreife" entwickeln und Ihren Führungsstil effektiv gestalten können.

6.7.1 Bedeutung des Delegierens

Führung lässt sich auch als „das Ausführen von Aufgaben durch andere" definieren. Mit anderen Worten:

Wer nicht effektiv delegiert, führt auch nicht effektiv – und spart keine Zeit!

Die zentralen Aufgaben eines Projektleiters bestehen darin, qualifizierte Entscheidungen zu treffen, diese durchzusetzen und seine Mitarbeiter zu inspirieren. Ein Projektleiter ist auf die Mitarbeit engagierter Mitarbeiter angewiesen.

Seine Ziele im „Management by Delegation" sind:

➢ Aufgaben effektiv lösen

➢ optimale Nutzung der Kapazitäten sicherstellen

➢ eigene Kapazitäten für die Ausführung von unternehmerischen Tätigkeiten und den eigentlichen

➢ Führungsaufgaben freihalten, statt ausführendes Organ zu sein

➢ Mitarbeiter und ihr Kompetenzniveau fördern

➢ eine gute Unternehmenskultur schaffen.

Seine Ziele sind *nicht*:

➢ Möglichkeiten zu finden, sich als Führungskraft vor langweiligen und unangenehmen Arbeiten zu drücken

➢ Mitarbeiter zu überlasten.

Damit stellt sich die Frage: Was muss, was sollte, was kann delegiert werden?

Um diese Frage zu beantworten, sollten Sie eine Zuordnung Ihrer Aufgaben gemäß der im folgenden dargestellten Delegationsbereiche vornehmen:

1. Aufgaben, die Sie lösen *müssen*

Hierunter fallen alle Aufgaben, die Sie unter keinen Umständen delegieren dürfen, z.B.:

Definition des Auftrags des Unternehmens, übergeordnete Ziele, Politik und Strategien, Genehmigungen von Budgets, Einstellungen, Kündigungen, Gehaltsverhandlungen, Beurteilunsgespräche, Anerkennung, Zurechtweisungen usw.

2. Aufgaben, die sie lösen *sollten*

Hierzu gehören zwei Typen von Aufgaben; solche, die bei starkem Zeitdruck delegiert werden können und große, komplexe Aufgaben, die am besten von Ihnen mit Hilfe anderer gelöst werden.

3. Aufgaben, die Sie delegieren *können*

Hierunter sind Aufgaben zu verstehen, die Sie als Meister aufgrund Ihrer größeren Erfahrung vermutlich selbst am besten lösen könnten.

Diese Aufgaben können von anderen Mitarbeitern der Organisation übernommen werden, dies erfordert jedoch Schulung, gründliche Einweisung und Nachfassen.

In der Einarbeitungsphase entstehen Fehler, Mißverständnisse und Frustationen; auf kurze Sicht könnten Sie diese Aufgaben erheblich schneller und besser selbst ausführen.

Bei solchen Aufgaben gilt es, Zeit in Schulung zu investieren und sich in Toleranz zu üben. Denn gerade hier liegt auf lange Sicht für Sie die Möglichkeit zu großem Zeitgewinn in Form von geringerem Zeitdruck, der Freisetzung von Kapazitäten für andere Aufgaben und der Entwicklung von Mitarbeitern zur Delegationsfähigkeit.

4. Aufgaben, die Sie delegieren *sollten*

Hierunter fallen Aufgaben, die auch ohne Ihr Zutun einwandfrei gelöst und auch selbstverständlich bei Ihrer Abwesenheit gelöst werden. Für deren Ausführung sollten die Mitarbeiter die erforderliche Kompetenz besitzen, damit die reibungslose und flexible Funktion der Organisation unter allen Umständen gewährleistet ist.

5. Aufgaben, die Sie delegieren *müssen*

Hierunter fallen Aufgaben, die klar zum Arbeitsbereich des Mitarbeiters gehören und auch ohne Ihre Einmischung glatt erledigt werden und Aufgaben, die andere schneller und besser ausführen.

Nachdem Sie nun „im Prinzip" zwar wissen, welche Delegationsmöglichkeiten Sie haben, sollten Sie nun selbstkritisch hinterfragen, ob, bzw. inwieweit Sie Ihre Möglichkeiten auch optimal wahrnehmen.

Das wird Ihnen nur dann gelingen, wenn Sie über die richtige Einstellung zum Delegieren verfügen

Prüfen Sie mit dem Fragebogen (Abbildung 42) auf der Folgeseite: „Wie ist meine Einstellung zum Delegieren?"

Entscheiden Sie spontan, der erste Impuls ist der Richtige!

Abb. 42: Wie ist meine Einstellung zum Delegieren?	ja	?	nein
1. Ich spare oft Zeit, wenn ich die Arbeiten selbst ausführe.			
2. Ich kann mich mit Fehlern meiner Mitarbeiter nur schwer abfinden.			
3. Ich habe es am liebsten, überall mitzumischen und zu wissen, was in meiner Abteilung vorgeht.			
4. Ich empfinde es manchmal als ungerecht, wenn meine Mitarbeiter meine Anweisungen nicht gleich verstehen.			
5. Ich empfinde es manchmal als ungerecht, wenn meine Mitarbeiter von anderen gelobt werden, ohne dass meine Leistung gewürdigt wird.			
6. Nur wenn ich selbst beteiligt war, kann ich mich darauf verlassen, dass eine Aufgabe bestmöglich ausgeführt worden ist.			
7. Es fällt mir schwer, die Ideen anderer zu akzeptieren.			
8. Ich habe so spezielle Erfahrungen und Kenntnisse, dass ich die Aufgaben am besten selbst löse.			
9. Die Mitarbeiter sollten nur Informationen bekommen, die sie zur Ausführung ihrer Aufgabe brauchen.			
10. Meine Mitarbeiter wollen keine größere Verantwortung übernehmen.			
11. Wenn ich zu viel delegiere, verliere ich die Kontrolle.			
12. Viele Kunden und Geschäftsfreunde wollen nur mit mir sprechen.			
13. Es könnte für mich und meine Umgebung besser sein, heikle und peinliche Angelegenheiten zu delegieren.			
14. Ich als Führungskraft sollte mich nicht mit langweiligen und unangenehmen Aufgaben beschäftigen.			
15. Es fällt mir schwer, mich damit abzufinden, dass ein Mitarbeiter eine Aufgabe auf eine andere Weise löst, als ich es getan hätte.			
16. Ich kann nicht hinnehmen, dass ein Mitarbeiter meine Instruktionen nicht Punkt für Punkt befolgt.			
17. Führungskräfte, die viel delegieren, sind sich ihrer selbst nicht sicher.			
18. Wenn ich zu viel delegiere und die Kompetenz anderer erhöhe, gefährde ich meine eigene Führungsposition.			
19. Meine engsten Mitarbeiter sollten eigentlich dasselbe Leistungsvermögen und dieselbe Einstellung haben wie ich.			
20. Meine Mitarbeiter sollten möglichst nicht zu sehr dominieren.			

Auflösung

Lassen Sie alle Aussagen unberücksichtigt, bei denen Sie ein Fragezeichen angekreuzt haben.

Wenn Sie häufiger mit „nein" als mit „ja" geantwortet haben, erleichtert Ihre Einstellung echtes Delegieren.

Haben Sie häufiger mit „ja" geantwortet, so wird Ihre Einstellung echtes Delegieren erschweren. Sie sollten daran arbeiten, Ihre Einstellung zu ändern.

Nur – was nützt die beste Einstellung zum Delegieren, wenn die Mitarbeiter weder wollen noch können? Hier bietet Ihnen das Reifegradmodell und seine Anwendung für die betriebliche Führungspraxis bewährte Hilfe.

6.7.2 Das Reifegradmodell

Hersey / Blanchard stellen in ihrem situativen Führungsmodell den "Reifegrad" des Mitarbeiters als bedeutsamen Faktor heraus. Der Reifegrad des Mitarbeiters wird vierfach abgestuft definiert. Jede Stufe lässt sich über die Einschätzung von Aufgabenreife (= Leistungsvermögen: *kann* er es?) und psychologischer Reife (= Leistungsbereitschaft: *will* er es?) bestimmen.

Unter Aufgabenreife, der beruflichen Handlungskompetenz des Mitarbeiters fassen wir sein fachliches Können in Theorie und Praxis, Kenntnisse, Fertigkeiten und Fähigkeiten, die er durch Ausbildung, Übung, Training und Erfahrung erworben hat.

Hohe Aufgabenreife zeigt sich darin, dass der Mitarbeiter über einschlägige Berufserfahrungen und fundiertes Fachwissen verfügt, weiß, was zu tun ist, Probleme selbständig löst und sich auch selbst kontrolliert, sich termintreu verhält und sorgfältig nachfasst.

Unter psychologischer Reife, dem Engagement des Mitarbeiters fassen wir seinen Leistungswillen, Selbstvertrauen und Selbstsicherheit, sowie seine Motivation, sein Interesse an und seine Begeisterung für seine Arbeit. Darunter fällt auch seine Aufgeschlossenheit für Kritik und seine Fähigkeit, positiv zu denken und zu handeln, indem er andere ermutigt, unterstützt, aufmerksam zuhört und Lob und Anerkennung angemessen ausspricht.

Hohe psychologische Reife zeigt sich in einem starken Leistungswillen bei großer Identifikation mit der Aufgabe und Beharrlichkeit in der Zielverfolgung: Mitarbeiter mit hoher psychologischer Reife mögen ihre Arbeit.

Aufgabenreife und psychologische Reife ergeben den Reifegrad, für den jeweils ein Führungsstil vorgeschlagen wird.

Reifegrad 1:

➢ Niedrige Reife: geringe Aufgabenreife und geringe psychologische Reife
Der Mitarbeiter setzt seine Ziele sehr gering an und vermeidet jegliches Risiko. Seine Motivation drückt sich überwiegend im Streben nach Befriedigung der Grundbedürfnisse (besonders starke Gewichtung finanzieller Aspekte) und Sicherheitsbedürfnisse aus.

➢ Führungsstil: Anordnen / Anweisen

Der Meister gibt genaue Instruktionen und Anweisungen, was, wie, wo, wann, von wem, mit wem und mit welchen Mitteln zu erledigen ist und überwacht sehr genau die Arbeit.

Reifegrad 2:

➢ Niedrige bis mittlere Reife: wenig motiviert und mäßig fähig
Die Leitmotive des Mitarbeiters liegen bei den Bedürfnissen nach Sicherheit und sozialer Anerkennung. Auch vermeidet er Risiken. Seine Leistungsziele setzt er niedrig an.

➢ Führungsstil: Erklären / Überzeugen

Der Meister erklärt, warum eine Tätigkeit ausgeführt werden muss, und gibt Gelegenheit für die Klärung von Verständnis- und Wissensfragen.

Reifegrad 3:

➢ Mittlere bis hohe Reife: fähig und mäßig motiviert
Der Mitarbeiter setzt sich selbst hohe, aber erreichbare Ziele und erwägt aufgeschlossen Risiken. Er wünscht gute soziale Kontakte und legt großes Gewicht darauf, dass seine Leistungen gewürdigt werden.

➢ Führungsstil: Ermutigen / Beteiligen

Der Meister tauscht Ideen, Vorschläge und Alternativen bei der Entscheidungsfindung aus und ermöglicht Selbständigkeit bei der Arbeitsausführung.

Reifegrad 4:

➤ Hohe Reife: starke Aufgabenreife und psychologische Reife
Der Mitarbeiter setzt sich selbst hohe, aber realistische Ziele und ist bereit, kalkulierte Risiken einzugehen. Für ihn spielen die Bedürfnisse nach persönlicher Leistungsanerkennung und Selbstverwirklichung eine zentrale Rolle.

➤ Führungsstil: Übertragen / Überlassen

Dem Mitarbeiter wird volle Handlungsverantwortung und Entscheidungskompetenz bei der Aufgabenerteilung übertragen.

Mit dem Reifegradmodell wird Ihnen nicht nur nahe gelegt, Ihren Führungsstil dem Leistungsvermögen und der Leistungsbereitschaft des Mitarbeiters anzupassen, sondern es schlägt auch vor, die Mitarbeiter Stufe für Stufe in den Reifegrad 4 zu führen, um echt delegieren zu können.

Die Darstellung in Abbildung 43 bringt das Modell von Hersey / Blanchard auf den Punkt.

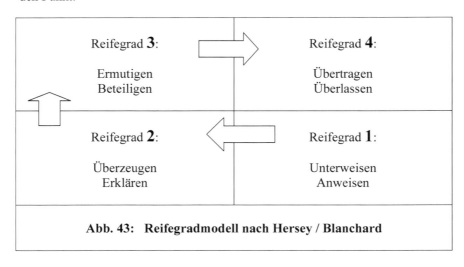

Abb. 43: Reifegradmodell nach Hersey / Blanchard

Übertragen Sie das Modell mit Hilfe der Fragebögen zur Reifegrad- und Führungsstilbestimmung auf Ihre betriebliche Praxis. Je effektiver Sie führen, umso mehr Zeit gewinnen Sie!

6.7.3　Effektive Führung durch Anwendung des Reifegradmodells

Das hier vorgestellte Verfahren ist für Sie als Vorgesetzter eine Hilfe zur Selbsteinschätzung Ihres Führungsstils, den Sie bezogen auf einen ganz bestimmten Mitarbeiter praktizieren. Durch den Vergleich zwischen Ihrem Führungsstil und dem Reifegrad dieses Mitarbeiters haben Sie die Möglichkeit, die Angemessenheit und damit auch die Effektivität Ihres Führungsverhaltens in drei Arbeitsschritten zu prüfen.

Ihr Führungsstil umfasst alle Verhaltensaspekte, von denen Sie selbst überzeugt sind, dass Sie das Verhalten Ihrer Mitarbeiter in Ihrem Sinne zur Zielerreichung beeinflussen.

Der Reifegrad wird bestimmt von dem Grad der Fähigkeiten und Qualifikationen sowie von der Motivation und dem Selbstvertrauen eines bestimmten Mitarbeiters bezogen auf eine konkrete Zielsetzung, Aktivität oder Verantwortlichkeit.

Im ersten Schritt, geht es darum, den eigenen Führungsstil zu bestimmen (= wie sehe ich mich selbst?). Bearbeiten Sie dazu, den Fragebogen auf der nächsten Seite (Abbildung 44) wie folgt:

➢ Wählen Sie einen Mitarbeiter aus.

➢ Tragen Sie in die Spalten 1 bis 6 Verantwortlichkeiten oder Hauptaufgaben dieses Mitarbeiters ein.

➢ Legen Sie Ihren Führungsstil zu der jeweils benannten Hauptaufgabe fest, indem Sie zunächst die vier aufgeführten Führungsverhaltensweisen lesen und dann den Stil auswählen, der am besten beschreibt, welchen Führungsstil Sie bezogen auf diese konkrete Aufgabe im Umgang mit Ihrem Mitarbeiter überwiegend praktizieren. Für diesen Fall ist ein "P" einzutragen. Dies ist der primäre Führungsstil.

Falls eine weitere Stilbeschreibung zutrifft, die von Ihnen oft realisiert wird, so ist ein "S" für sekundären Stil zusätzlich einzutragen. Der sekundäre Stil kann vorhanden sein, muss aber nicht.

Primärer und sekundärer Führungsstil können von Aufgabe zu Aufgabe variieren. Schließlich werden ja auch nicht alle Aufgaben gleich gerne und gleich gut von Ihrem Mitarbeiter erledigt.

Abb. 44: Fragebogen zur Führungsstilbestimmung						
Für:						
Aufgaben / Verantwortlichkeiten					Datum:	
1.	2.	3.	4.	5.	6.	
						1. Gebe genaue Instruktionen und Anweisungen und überwache sehr genau den Arbeitsfortschritt
						2. Erkläre das „Warum" einer Tätigkeit und gebe Gelegenheit für die Klärung von Verständnis- und Fachfragen
						3. Tausche Ideen und Alternativen bei Entscheidungsfindungen aus
						4. Übertrage die volle Verantwortung für Entscheidungsfindung und Aufgabenerfüllung

Ermitteln Sie im zweiten Schritt den Reifegrad des Mitarbeiters bezogen auf jede der sechs Aufgaben. Verwenden Sie dazu das Arbeitsblatt auf der Folgeseite:

➢ Übertragen Sie die oben aufgeführten Aufgaben in die entsprechenden freien Felder 1 bis 6 des Fragebogens zur Reifegradermittlung.

➢ Beachten Sie, dass zwei Skalen zu bewerten sind. Die eine gibt Aufschluss über Fähigkeiten, Fertigkeiten und Erfahrungen (Aufgabenreife), die andere über Motivation und Selbstvertrauen (psychologische Reife).

➢ Kreuzen Sie für Ihren Mitarbeiter zu jeder benannten Hauptaufgabe den Grad der Aufgabenreife und unabhängig davon, den der psychologischen Reife an.

Abb. 45:   Fragebogen zur Reifegradermittlung

1. Hauptaufgabe / Verantwortlichkeit:

Aufgabenreife:	hervor-	hoch	ausrei-	gering
Der Mitarbeiter ist fähig, er hat die er-	ragend		chend	
forderliche Qualifikation und Erfahrung	4	3	2	1
Psychologische Reife:	immer	sehr oft	vorhan-	selten
Der Mitarbeiter ist motiviert, er hat			den	
Selbstvertrauen und Leistungswillen	4	3	2	1

2. Hauptaufgabe / Verantwortlichkeit:

Aufgabenreife (wie unter 1):	4	3	2	1
Psychologische Reife (wie unter 1):	4	3	2	1

3. Hauptaufgabe / Verantwortlichkeit:

Aufgabenreife (wie unter 1):	4	3	2	1
Psychologische Reife (wie unter 1):	4	3	2	1

4. Hauptaufgabe / Verantwortlichkeit:

Aufgabenreife (wie unter 1):	4	3	2	1
Psychologische Reife (wie unter 1):	4	3	2	1

5. Hauptaufgabe / Verantwortlichkeit:

Aufgabenreife (wie unter 1):	4	3	2	1
Psychologische Reife (wie unter 1):	4	3	2	1

6. Hauptaufgabe / Verantwortlichkeit:

Aufgabenreife (wie unter 1):	4	3	2	1
Psychologische Reife (wie unter 1):	4	3	2	1

Bestimmen Sie den Reifegrad, indem Sie die Verbindungsmatrix nach Hersey / Blanchard (Abbildung 46) nutzen. Ein Beispiel:

Nehmen wir an, Sie hätten für Ihren Mitarbeiter im Hinblick auf eine beliebige Tätigkeit seine fachliche Reife mit "3" und die psychologische Reife mit "2" bewertet. Es resultiert ein Reifegrad von "2" mit der Tendenz zu "3".

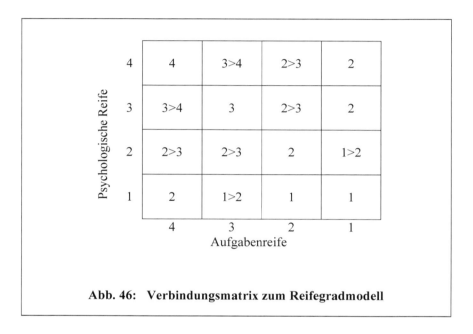

Abb. 46:   Verbindungsmatrix zum Reifegradmodell

Im dritten Arbeitsschritt vergleichen Sie, ob Ihr Reifegrad mit dem Führungsstil übereinstimmt, den Sie im ersten Schritt bestimmt haben.

Prüfen Sie ob der Reifegrad mit der Zahl übereinstimmt, die den einzelnen Führungsstilen in der Beschreibung vorangestellt ist. Sie liegen mit Ihrem Führungsstil im Hinblick auf die jeweilige Aufgabe richtig, wenn die Zahlen für den Reifegrad und den Führungsstil übereinstimmen.

Nehmen wir unser Beispiel von oben. Bei dem ermittelten Reifegrad „2>3" („2" mit einer Tendenz zu „3") führen Sie Ihren Mitarbeiter im Hinblick auf die benannte Aufgabe effektiv, wenn Sie im primären Führungsstil „erklären und überzeugen" und im sekundären „ermutigen und beteiligen" praktizieren.

Stimmt Ihr primärer Führungsstil mit dem Reifegrad überein und liegt Ihr sekundärer Führungsstil eine Stufe höher, befinden Sie sich auf einen guten Weg, Ihren Mitarbeiter beruflich weiterzuentwickeln – Sie fördern durch fordern!

Sie laufen Gefahr, Ihren Mitarbeiter zu überfordern, wenn Sie bei einem niedrigen Reifegrad einen höherstufigen Führungsstil wählen. Dies wäre beispielsweise dann der Fall, wenn Sie Ihren Mitarbeiter für eine bestimmte Hauptaufgabe oder Verantwortlichkeit im Reifegrad 2 eingeschätzt haben, jedoch im Führungsstil die "4" wählen: „übertragen, überlassen". Besser wäre es, dem Mitarbeiter die Aufgabe klar darzulegen und ihn von der Bedeutung der Aufgabe zu überzeugen.

Sie werden Ihren Mitarbeiter wahrscheinlich unterfordern, wenn Sie ihm in einer Hauptaufgabe einen höheren Reifegrad zuordnen, im Führungsstil jedoch darunter bleiben.

In der betrieblichen Praxis sind gute Erfahrungen damit gemacht worden, Mitarbeiter bei der Anwendung des Reifegradmodells einzubeziehen.

Stellen Sie Ihrem Mitarbeiter das Modell vor und bitten Sie ihn, dass er unabhängig von Ihnen den gleichen Fragebogen aus seiner Sicht ausfüllt. Lassen Sie ihn aufschreiben, in welchen Tätigkeiten er seine Hauptaufgaben sieht. Wundern Sie sich jedoch beim späteren Vergleich nicht, wenn er etwas anderes aufgeschrieben hat als Sie. Nutzen Sie ein solches Ergebnis, um mit ihm die Prioritäten in seinem Aufgaben- / Verantwortungsbereich klarer abzustimmen.

Nehmen Sie ernst, wenn er Ihren Führungsstil anders einschätzt als Sie. Er nimmt auf seine Art wahr, und was er dort wahrnimmt ist weder richtig noch falsch – es ist seine Sicht der Dinge. Nutzen Sie sein Feedback zur selbstkritischen Reflexion, hören Sie geduldig und ruhig zu. Vermeiden Sie Diskussionen über die Richtigkeit seiner Wahrnehmung. Je stärker Sie seine Sichtweise in Frage stellen, umso weniger wird er Ihnen weiterhin mitteilen.

Sollte er in der Reifegradbestimmung anders liegen als Sie, lassen Sie sich seine Einschätzung erklären. Fassen Sie hier getrost nach, wenn Ihnen etwas unklar ist. Nehmen Sie seine Einschätzung als Zusatzinformation zur Absicherung Ihrer eigenen Einschätzung. Je präziser hier die Diagnose ist, umso effektiver werden Sie den zum Reifegrad passenden Führungsstil realisieren können.

Weiterhin sollten Sie mit Ihrem Mitarbeiter Möglichkeiten erwägen, wie Sie ihn dabei unterstützen können, dass er sich von niedrigeren zu höheren Reifegraden weiterentwickeln kann.

Je optimaler Sie Ihr Führungsverhalten an den Möglichkeiten Ihrer Mitarbeiter ausrichten, umso effektiver wird sich die Zusammenarbeit gestalten. Statt Leistungsminderungen wegen Über- oder Unterforderung durch eigene Mehrarbeit ausgleichen zu müssen, entwickeln Sie Ihre Mitarbeiter systematisch zur „Delegationsreife".

Mit der richtigen Einstellung zur Delegation und hoch leistungsfähigen und leistungswilligen Mitarbeitern entlasten Sie sich und erhöhen die Zufriedenheit und damit verbunden das Leistungsergebnis Ihrer Mitarbeiter.

Delegationen sind allerdings nur dann erfolgreich, wenn sie in der richtigen Art und Weise erfolgen. Bei einer echten Delegation wird mit dem Mitarbeiter vereinbart, was er bis zu einem bestimmten Zeitpunkt erreichen oder erfüllen soll. Alles Weitere liegt in den Händen des Mitarbeiters. Er wählt seine Mittel selbst, bestimmt den Weg zum Ziel und entscheidet, wen er für sein Projektteam gewinnen möchte.

Bei „Scheindelegationen" wird trotz der offiziellen Auftragsübergabe die Übernahme der Verantwortung nicht ermöglicht. Entscheidungen werden nicht freigegeben sondern in der Hand des Delegierenden belassen. In Abbildung 47 wird an Zitaten aus der Praxis deutlich, worin sich Scheindelegationen von echten Delegationen unterscheiden.

Abb. 47:   Schein- und echte Delegation im Vergleich

Scheindelegation (Zitate aus der Praxis)	Echte Delegation (Vorschläge für die Praxis)
„Herr S., wir haben einen Auftrag für Sie ..."	Herr S, wir möchten Sie für das neue Projekt in ... gewinnen ...
„Am besten sprechen Sie dafür Michael G. und Josef F. an ..."	Was meinen Sie – wer könnte Sie am besten unterstützen?
„Um da durch zu kommen, brauchen wir schweres Gerät. Ich schlage vor, wir ..."	Welche Maschinen beabsichtigen Sie einzusetzen?
„Wir haben für die Erdarbeiten Zeit bis Ende August, dann müssen wir fertig sein"	Das Projekt soll bis Anfang Oktober abgeschlossen sein. Für den Abschluss des 1. Meilensteins sehen wir einen Termin Ende August. Ist das so OK?

Die Beispiele zeigen, dass bei Scheindelegationen trotz Auftragsübergabe nach wie vor der Chef Entscheidungsträger ist. Wenn Ihnen Aufgaben so delegiert würden – wie würde sich das wohl auf Ihre Leistungsbereitschaft auswirken?

Vermeiden Sie Scheindelegationen und nutzen Sie die Leitfragen zur echten Delegation, um Aufgaben an Ihre leistungsstarken Mitarbeiter professionell zu übertragen:

➢ Kennt der Mitarbeiter die *Zielsetzung* der Aufgabe?

➢ Hat der Mitarbeiter die nötige *Qualifikation* und die nötigen *Befugnisse* zur Ausführung der Aufgabe?

➢ Verfügt der Mitarbeiter über alle *Informationen*, die er zur zielgerechten Ausführung der Arbeit braucht?

➢ Ist bei der Auftragsübergabe gewährleistet, dass der Mitarbeiter die Möglichkeit hat, *Fragen zu stellen*, wenn ihm etwas unklar ist?

➢ *Akzeptiert* der Mitarbeiter die Aufgabe im Hinblick auf Zielsetzung / Sollvorgabe?

➢ Führen Sie das Delegationsgespräch im *Umkehrton*, so wie Sie selbst bei einer Auftragsübergabe angesprochen werden möchten?

➢ Sind Termine für die Besprechung der Ergebnisse vereinbart – *Fehleranalyse / Erfolgskontrolle?*

➢ Entspricht die Aufgabe den *Leistungsmöglichkeiten* des Mitarbeiters, oder ist er über- oder unterfordert?

Die einzig richtige Antwort auf alle Fragen lautet „Ja".

Wenn Sie nicht aus voller Überzeugung zustimmen, halten Sie stichwortartig fest, woran das liegt. Überlegen Sie dann (mit Ihrem Mitarbeiter) was Sie wie tun können um dies zu ändern!

7 Kontrollieren

Viele Handwerker besitzen Zeitplanbücher – wenige nutzen alle Möglichkeiten. Dabei liegt ein Geheimnis erfolgreichen Zeit- und Selbstmanagements im konsequenten, disziplinierten Kontrollieren durch den routinierten täglichen Einsatz eines Zeitplanbuches.

Zeitplanbücher besitzen drei Charakteristika. Sie enthalten

➤ ein *Planungssystem* zur Optimierung Ihrer persönlichen Effektivität. Mit ihm können Sie alle wichtigen Vorhaben, Termine und Aktivitäten zielorientiert planen.

➤ ein *Steuerungssystem*, mit dem Sie in die Lage versetzt werden, unterschiedliche Situationen sicher zu beherrschen. Es ermöglicht Ihnen jederzeit einen Überblick welche Aufgaben mit welcher Priorität noch anstehen, was zu koordinieren, zu kontrollieren und zu delegieren ist.

➤ ein *Datenbanksystem*, damit Sie jederzeit die richtigen Informationen zur Hand haben. Es garantiert Ihnen eine einfache Speicherung von allen wichtigen Daten und einen leichten Zugriff. Außerdem entlastet es Ihr Gedächtnis – Sie haben den Kopf für wichtigere Dinge frei.

In der betrieblichen Praxis haben sich Ringbücher mit Formblättern in Loseblattordnung bewährt. Die Formblätter sind selbstverständlich nach Wunsch und Bedürfnis ergänzbar.

Für Handwerker ist ein Zeitplanbuch ein sinnvolles und umfassendes Werkzeug. Als ständiger persönlicher Begleiter ist es das schriftliche Gedächtnis, das mobile Büro und die Datenbank im Kleinformat.

Ein Zeitplanbuch ist zugleich Terminkalender, Tagebuch, Notizbuch, Planungsinstrument, Erinnerungshilfe, Adressenregister, Nachschlagwerk, Ideenkartei, Arbeitsinstrument und Telefonregister.

Zeitplanbücher enthalten prinzipiell vier Hauptteile, die sich selbstverständlich weiter gliedern lassen:

1. Der Kalender: Er dient der schnellen Übersicht über Tages-, Wochen-, Monats- und Jahresplanung

2. Der Registerblock: Er ermöglicht die individuelle Aufteilung nach Projekten, Aufgabengebieten etc.

3. Die Ideen- und Infoseiten

4. Das Telefon- und Adressenverzeichnis mit viel Platz für alle wichtigen Anschriften

Während herkömmliche Terminkalender und elektronische Datenverarbeitungen sich eher als Erinnerungshilfe für Termine und Daten einsetzen lassen, bieten Ihnen Zeitplanbücher weitergehende vielfältige Möglichkeiten.

Jederzeit lassen sich zusätzliche Blätter einheften, alte nicht mehr gebrauchte können ausgetauscht werden. Formblätter gibt es in Hülle und Fülle für jeden Zweck, so dass Sie Ihr Zeitplanbuch genau Ihren Wünschen und Bedürfnissen anpassen können.

Bei Terminabstimmungen steht Ihnen Ihr persönliches Planungs- und Steuerungsinstrument zur Verfügung. Statt nur Ihren Terminverpflichtungen nachzukommen, sind Sie in der Lage, Ihren Tagesplan aktiv zu strukturieren. Auf diese Weise erledigen Sie Ihre Aufgaben nach Wichtigkeit und Dringlichkeit und nicht mehr nur rein chronologisch.

Das Zeitplanbuch lässt sich unabhängig vom Jahreswechsel einführen. Damit entfallen alle lästigen zeitraubenden Übertragungen ins nächste Jahr. Neben dem Beginn einer Aktivität lässt sich auch deren Dauer besser planen.

Checklisten, Planungs- und Entscheidungshilfen sind immer griffbereit. Alle notwendigen Daten und Informationen stehen jederzeit zur Verfügung.

Inzwischen bieten zahlreiche Verlage Zeitplanbücher in unterschiedlicher Ausführung und Qualität an. Hier gilt einmal mehr: „Wer die Wahl hat, hat die Qual". Eine Hilfe bei der Suche nach dem passenden Zeitplanbuch bietet Ihnen die Entscheidungsmatrix in Abbildung 48.

Abb. 48: Entscheidungsmatrix zur Wahl eines Zeitplanbuches							
Bewertung der angeführten Kriterien: „–": unbefriedigend „o": OK „+": ausgezeichnet	Zeitplanbuch						
	1	2	3	4	5	6	
Inhalt: - Kalenderteil - Planungsformulare - Erklärung, Anleitung - Zusatzformulare, Arbeitsmittel - Datenteil, Informationen - Adressen- und Telefonregister - Archivierungsmöglichkeiten -							
Form: - Material und Design des Buches - Seiten- und Einstecktaschen - Design der Formblätter - Register, Systemzugriff - Zusatzausrüstungen (Taschenrechner, Lineal, Druckbleistift etc.) -							
Gesamteindruck: - Ausstattung - Handhabbarkeit - Ausbaumöglichkeiten - Preis- / Leistungsverhältnis -							
Gesamturteil:							

> **TIPP für Leser mit „Appetit auf Mehr"**

> Nach eingehender Recherche und Bewertung gemäß dieser Entschei-
dungsmatrix habe ich mich für ein Produkt aus der breiten Angebotspalette
aus dem SC Verlag, mit Timern in unterschiedlicher Größe, Ausstattung
und dazugehörenden diversen Formblättern entschieden.

> Den Katalog gibt es bei:

SC Verlag
Unternehmensgruppe SchmidtColleg
Gutenbergstraße 1-3
95512 Neudrossenfeld

Tel.: 01801/992255; Fax: 01805/992266

> www.scverlag.de

Selbstverständlich besteht auch die Möglichkeit, seine Zeitplanung in elektroni-
scher Form mittels Outlook oder anderer Programme auf dem Laptop oder dem
Smartphone anzulegen. Achten Sie aber auch daran darauf, dass Ihre Lösung
entsprechend den Empfehlungen für gute Zeitplanbücher ein Planungs- Steue-
rungs- und Datenbanksystem mit den Hauptteilen Kalender, Registerblock,
Ideen- und Infoseiten, sowie Telefon- und Adressenverzeichnis enthält (vgl.
Ausführungen weiter oben).

Abschließend sei auch der Hinweis erwähnt, dass sich, angeregt durch die im
vorliegenden Buch dargestellten Vorlagen und Checklisten, auch ein, auf die
eigenen Bedürfnisse abgestimmtes Zeitmanagement-System entwickeln lässt.
Wer sich dafür entscheidet, dem sei viel gestalterische Freude gewünscht. Seien
Sie versichert: Es lohnt sich! Denn – ein selbst entwickeltes Zeitmanagement-
System werden sie bestimmt auch benutzen!

8   Stress bewältigen – Burnout verhindern

Wer seinen alltäglichen Stress im Allgemeinen, und die mit seiner Selbständigkeit einhergehenden zusätzlichen Belastungen im Besonderen in den Griff bekommen möchte, sollte sich zunächst einmal grundsätzlich mit dem Wesen von Stress, seinen Gründen und Erscheinungsformen bis hin zum Burnout als Folge von nicht bewältigtem Stress auseinandersetzen, bevor er Gegenmaßnahmen in Betracht zieht und Entspannungsverfahren auswählt. Diesem Gedankengang folgend beschreiben wir in diesem Kapitel zunächst, was während einer Stressreaktion in unserem Körper geschieht.

Daran anknüpfend erörtern wir, wie wir uns vorbeugend gegen den gesundheitsschädlichen Dauerstress wappnen können, indem wir

➢ nicht jede Angelegenheit schwerer nehmen als sie tatsächlich ist;
➢ durch ruhiges Überlegen bessere Ergebnisse erzielen und über die damit verbundenen Erfolgserlebnisse Di-Stress abbauen;
➢ Mut zum „Nein" entwickeln und somit Stressfaktoren allmählich abbauen;
➢ im Privatleben Raum für Entspannung schaffen und durch gesteigerte Fitness unsere Belastbarkeit stärken.

Nachdem wir kurz das Autogene Training nach Schultz vorstellen, präsentieren wir ausführlich mit einer Modifikation der Progressiven Muskelentspannung nach Jacobsen ein praxisbewährtes Entspannungsverfahren, das sich sowohl zu Hause oder im Hotelzimmer als auch am Arbeitsplatz durchführen lässt.

Im Weiteren greifen wir auf Erkenntnisse der jüngeren Forschung zum Burnout-Syndrom zurück, um darzulegen, wie Betroffene ihre Behandlungsbedürftigkeit erkennen können, und welche Maßnahmen sich in Abhängigkeit vom Stadium des „Ausbrennens" empfehlen. Wir orientieren uns bei unseren Überlegungen an dem Leitsatz „Wer ausbrennt – muss vorher gebrannt haben", was gerade selbständige Handwerker zum Nachdenken anstoßen sollte – schließlich „brennen" diese ja, wie das Adjektiv schon sagt, „selbst" *und* „ständig".

8.1   Das Phänomen „Stress"

TN: „Es gibt wohl kaum einen Handwerker, der nicht davon spricht, in der einen oder anderen Art Stress zu erleben. Sei es, dass ihm Kunden oder Klienten „Stress machen", er wegen Zeitnot „unter Stress steht" oder er beklagt, dass „andere sich nicht so einen Kopf machen müssen und es allein schon deshalb bei ihnen wesentlich stressfreier abläuft." Vor dem Hintergrund derartig mannigfaltiger Äußerungen, die sich beliebig fortsetzen lassen, stellt sich die Frage, was eigentlich genau hinter diesem arg strapazierten Allerweltsbegriff „Stress" steckt?"

BT: „Der Begriff „Stress" wurde 1950 in der Medizin und Psychologie von Hans Selye eingeführt. Nach Selye definiert sich Stress über „die Belastungen, Anstrengungen und Ärgernisse, denen ein Lebewesen täglich durch viele Umwelteinflüsse ausgesetzt ist. Es handelt sich um Anspannungen und Anpassungszwänge, die einen aus dem persönlichen Gleichgewicht bringen können und bei denen man seelisch und körperlich unter Druck steht."

Statt von „Umwelteinflüssen" sprechen wir heute umfassender von äußeren und inneren belastenden Bedingungen und Situationen, so genannten *Stressoren,* wie z.B. die von Selbständigen häufig beklagten, stetig zunehmenden Erwartungen ihrer Kunden, bzw. Klienten, der mit der Selbständigkeit einhergehende besondere Erfolgszwang, die stetig wachsende Arbeitsmenge und -vielfalt durch immer mehr gesetzliche Auflagen, zunehmender Zeitdruck und häufige Störungen aller Art, aber auch das eigene Anspruchsdenken an Qualität und Quantität der Leistung, sowie Berufs-/Freizeitkonflikte infolge der durch das hohe berufliche Engagement bedingten starken zeitlichen Inanspruchnahme.

Die gleichen Stressoren können bei unterschiedlichen Personen aufgrund individueller Motive, Einstellungen und Bewertungen verschieden wirken oder als *Stressverstärker* in Erscheinung treten, wie beispielsweise exzessive Planungs- und Kontrollambitionen, übermäßiges Arbeitsengagement, Ungeduld, Dominanzstreben, Selbstüberforderung und Erholungsunfähigkeit.

Ob ein Stressor zum gesundheitsschädlichen *Di*-Stress oder zum harmlosen oder sogar gesundheitsfördernden *Eu*-Stress führt, hängt davon ab, wie der Einzelne mit der stressauslösenden Anforderung umgeht, kurz: Stress entsteht im Kopf!

Nehmen wir beispielsweise an, einem fachlich überaus versierten „Mann ohne viel Worte" wird angeraten, am Jubiläum eines wichtigen Kunden teilzunehmen, ihm während der Feier ein Geschenk zu überreichen und eine kurze Ansprache zu halten.

Allein schon die Vorstellung, sich vor Publikum präsentieren zu müssen und die damit einhergehende Angst, sich zu blamieren, setzt ihn seelisch und körperlich unter Druck.

Er fühlt sich durch die Aufgabe maßlos überfordert und kommt buchstäblich ins Schwitzen. Je länger er über seinem Redemanuskript brütet, umso weniger fällt ihm ein. Er reagiert *dis*harmonisch – Di-Stress hat sich entwickelt.

Etwa zur gleichen Zeit fühlt sich ein anderer Handwerksmeister, der es durch Verbands- und Ehrenamtstägigkeiten gewohnt ist, öffentlich aufzutreten, gleichermaßen gefordert und geehrt, als an ihn herangetragen wird, exakt die gleiche Aufgabe zu übernehmen.

Freudig erregt ruft er zu Hause an und erzählt seiner Gattin, dass sich ihm hier eine Gelegenheit bietet, sich bei seinem Kunden positiv in Szene zu setzen. Gleich darauf setzt er sich an seinen Schreibtisch und bereitet konzentriert und kreativ seine Rede vor.

Er sieht in dem Arbeitsauftrag keine Belastung, sondern eine Herausforderung, der er sich *eu*phorisch stellt – Eu-Stress ist entstanden.

Unser Beispiel unterstreicht, dass Stress aufgrund von unterschiedlichen Bewertungen des gleichen Stressors auf zwei Arten auftreten kann. Die Gegenüberstellung in Abbildung 49 benennt die wesentlichen Merkmale."

Abb. 49: Gegenüberstellung von Eu- und Di-Stress

Eu-Stress = Positiver Stress   Di-Stress = Negativer Stress

Eu-Stress	Di-Stress
➤ harmlos oder sogar gesundheitsfördernd	➤ gesundheitsschädlich
➤ fördert die Weiterentwicklung	➤ Leistungsdruck
➤ spornt zur Leistung an	➤ man fühlt sich überfordert
➤ kann zur Höchstleistung führen	➤ man wird planlos und / oder resigniert
➤ Arbeit und Freizeit machen Spaß	➤ Die Leistung wird immer schlechter
➤ man zeigt gute Arbeitsergebnisse	➤ Freizeit wird zum Stress
➤ es treten nur wenig Stressreaktionen auf	➤ Fehler häufen sich
	➤ die Krankheitsanfälligkeit steigt

TN: „Motive, Einstellung und Bewertungen fungieren also als Bindeglieder zwischen Stressoren und körperlichen und psychischen Reaktionen, die sich bei Di-Stress gesundheitsschädlich auswirken. Welche Wirkungen genau werden durch Di-Stress hervorgerufen?"

BT: „*Stressreaktionen* wirken sich auf vier Ebenen aus:

1. Auf der *kognitiven* Ebene beeinflussen Stressreaktionen unsere Denk- und Wahrnehmungsprozesse. Di-Stress führt hier zur Einengung der Wahrnehmung und Informationsaufnahme, Lern- und Gedächtnisleistungen nehmen messbar ab. Konzentrationsstörungen, Tagträume, Gedächtnis- und Leistungsstörungen und / oder Alpträume sind mögliche Folgen.

2. Bei Dauerstress wird vor allem die *emotionale* Ebene betroffen. Es entstehen unterschiedliche Zustände mit Gefühlen, die Angriffs- oder Fluchttendenzen auslösen oder aber Hilflosigkeit hervorrufen. Es resultieren Aggressionsbereitschaft, Angst, Unsicherheit, Unausgeglichenheit, Nervosität, Depressionen, Gereiztheit oder Hypochondrie (eingebildete Krankheiten).

3. Die Erhöhung der Reaktionsbereitschaft in Richtung Erregung wirkt sich auf der *vegetativ-hormonellen* Ebene auf das vegetative Nervensystem und alle angeschlossenen Organe und auf die Hormone aus. Mögliche Folgen sind Herz-Kreislauf-Beschwerden, labiler Blutdruck, Infarktrisiko, Gastritis, Darm- und Magengeschwüre, Schlafstörungen, Verdauungsbeschwerden, Müdigkeit, Verschiebung des Hormonhaushalts, Migräne, Schwitzen und bei Frauen Zyklusbeschwerden.

4. Auf der *muskulären* Ebene verbraucht ständige Anspannung viel Energie. Wir ermüden vorzeitig. Chronische Verspannungen ganzer Körperpartien sind die Folge. Allgemeine Verspanntheit, leichte Ermüdbarkeit, Krampfneigung, Muskelzittern, Rücken-, Nacken- und Kopfschmerzen sind mögliche Vorzeichen."

TN: „Damit wäre klar, welche Wirkungen Stressreaktionen auf lange Sicht hervorrufen (können), offen bleibt – was geschieht in unserem Körper, wenn eine Stressreaktion abläuft?"

8.2   Unser Körper im Stress

BT: „Hinweise zur Beantwortung dieser Frage erhalten wir, wenn wir Stress wie Biologen als einen psychophysischen Zustand betrachten, bei dem unser Körper durch einen Stressor so sehr aus dem Gleichgewicht gebracht wird, dass zusätzliche Energien erforderlich werden, um auf die neu entstandene außergewöhnlich belastende Situation oder Bedingung zu reagieren.

Als wichtigste kurzfristige Auswirkungen der Stressreaktion auf den Körper werden in Sekundenbruchteilen:

➢ Gehirn aktiviert und durchblutet,
➢ Speichelfluss reduziert, Mund trockener,
➢ Bronchien erweitert, Atem beschleunigt,
➢ Blutdruck erhöht, Herzschlag schneller,
➢ Schweiß erzeugt,
➢ Energie in Form von Blutzucker und Fetten bereitgestellt,
➢ Verdauungstätigkeit und Energiespeicherung gehemmt,
➢ Hände und Füße kalt,
➢ Gerinnungsfähigkeit des Blutes erhöht,
➢ Libido gehemmt,
➢ Schmerztoleranz und Immunkompetenz kurzfristig erhöht, langfristig vermindert."

TN: „Das Ganze sieht mir danach aus, als ob unser Körper blitzschnell hochgefahren wird, um einer Gefahr zu begegnen oder auszuweichen. Denn einerseits werden in der Liste alle Funktionen benannt, die notwendig sind, um eine außerordentliche motorische Aktion einzuleiten; das Gehirn wird in Alarmbereitschaft gesetzt, Atmung, Herz-Kreislauf angeregt, Energie bereitgestellt. Andererseits werden Verdauung und Energiespeicherung, sowie das sexuelle Verlangen heruntergefahren, allesamt Funktionen, die in einer akuten Gefahrensituation weniger wichtig sind."

BT: „Alles in allem handelt es sich um ein automatisiertes Reaktionsrepertoire, welches maßgeblich dazu beigetragen hat, der Menschheit ihr Überleben zu sichern. Stress ist insofern etwas vollkommen Normales, um Gefahrensituationen zu meistern, wie sie z.B. jeder Fahrzeugführer im öffentlichen Personennahverkehr zur Genüge kennt. Läuft ein Kind plötzlich und ohne zu schauen zwischen parkenden Autos auf den Fahrweg sichern eben diese automatisierten Reaktionen, dass er blitzartig und gerade noch rechtzeitig abbremst oder ausweicht."

TN: „Eine ähnliche Situation ist mir noch gut in Erinnerung. Was sich da in meinem Körper alles abgespielt hat, wurde mit allerdings erst klar als ich mein Fahrzeug nach einem halsbrecherischen Ausweichmanöver endlich sicher zum Stehen gebracht hatte. Erst da habe ich gespürt, wie anstrengend die Reaktion war: Mein Herz schlug heftig, mein Atem ging schnell, meine Hände waren schweißnass, an Aufstehen war vorerst überhaupt nicht zu denken, so weich waren meine Knie. Ich spürte deutlich, dass ich dringend eine Erholungspause brauchte, in der sich dann erst ganz allmählich mein Blutdruck normalisierte, das Herz wieder langsamer schlug. Dass ich vor Antritt der Fahrt ein deutliches Hungergefühl verspürt hatte, merkte ich erst wieder, als ich die Fahrt wieder aufgenommen hatte."

BT: „Ihr Erleben in dieser Gefahrensituation ist – physiologisch betrachtet – das Ergebnis eines komplexen Regelkreises, an dem vor allem unser Gehirn und unser Hormonsystem beteiligt sind. Nehmen wir eine Gefahr wahr, alarmiert unser Zwischenhirn unseren Körper über das autonome Nervensystem, welches über seine beiden Nervenstränge Sympathikus und Parasympathikus mit allen wichtigen Organen verbunden ist. Über die so genannte Sympathikus-Nebennierenmark-Achse wird die Nebennierenrinde stimuliert, die die Neurotransmitter Noradrenalin und Adrenalin in den Blutkreis ausschüttet. Diese Botenstoffe sind dafür verantwortlich, dass unser Körper blitzschnell hochgefahren wird. Damit alle Energie in die überlebenswichtige Alarmreaktion fließen kann, bremst gleichzeitig der hemmende Parasympathikus Verdauungsvorgänge und Sexualfunktionen.

Aufgrund der mit Gefahrensituationen verbundenen Angstreaktionen werden parallel zu den beschriebenen Vorgängen in einer kleinen Schaltzentrale des Zwischenhirns, dem Hypothalamus, die Botenstoffe Vasopressin und CRH (Corticotropin Releasing Hormone) freigesetzt. Letztgenannter erreicht über die Blutbahn das Hormonzentrum unseres Gehirns, die Hypophyse, und veranlasst dort, dass das Hormon ACTH (Adrenocorticotropes Hormon) blitzschnell über den Blutkreislauf zum Nebennierenmark geschickt wird, wo das Hormon Cortisol freigesetzt wird, welches – anlog zum aktivierenden Sympathikus – Glukose- und Fettreserven mobilisiert und die Gehirnfunktionen verbessert. Der mit dem CRH zeitgleich entsandte Botenstoff Vasopressin stellt sicher, dass die Niere nur langsam Flüssigkeit ausscheidet, damit Angriffs- oder Fluchtraktionen nicht durch eine volle Blase beeinträchtigt werden."

TN: „Damit wäre klar, was geschieht, wenn wir „auf 180" kommen. Stellt sich nun die Frage – wie kommen wir da wieder runter?"

BT: „Auf der physiologischen Ebene sorgt das Hormon Oxytozin in Kooperation mit dem hemmenden Parasympathikus dafür, dass unser Körper nach bestandener Gefahr in der Ruhepause wieder auf das normale Niveau heruntergefahren wird. Unterstützt wird dieser Vorgang durch das schon angesprochene Hormon Cortisol, welches über eine negative Rückkopplung Vasopressin, CRH und ACTH hemmt und somit seine eigene Ausschüttung vermindert.

Der grundlegende Mechanismus der körperlichen Stressreaktion ist von dem eingangs bereits erwähnten Stressforscher Hans Selye im „Allgemeinen Adaptionssyndrom" beschrieben worden. Abbildung 50 zeigt den schematischen Ablauf des Adaptionssyndroms (vgl. auch F. Vester, 1976).

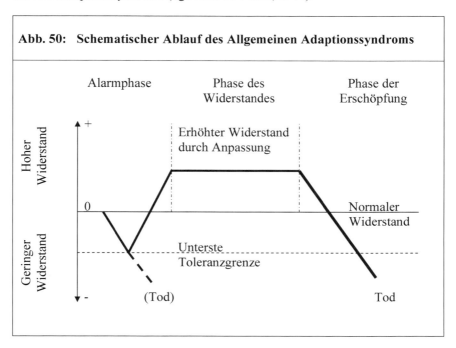

Abb. 50:   Schematischer Ablauf des Allgemeinen Adaptionssyndroms

Der schematischen Darstellung zufolge läuft die Stressreaktion in drei Stadien ab:

1. Durch einen Stressor wird eine Alarmreaktion ausgelöst, die den Widerstand des Körpers zunächst absinken lässt – die „Schrecksekunde". Ist der Stressor zu stark kann dies in der Alarmphase sogar tödliche Folgen haben.

2. In der Phase des Widerstandes verändert der Körper in der beschriebenen Weise wichtige Körperfunktionen, um sich den Stressbedingungen anzupassen. Der durch die Anpassung erhöhte Widerstand kann jedoch nicht unbegrenzt aufrechterhalten werden.

3. Wird der Körper weiter Stressoren ausgesetzt führt das zur dritten Phase – zur Erschöpfung, schlimmstenfalls bis zum Tod.

TN: „Was geschieht, wenn weitere Stressoren ausbleiben?"

BT: „Unser Körper erholt sich und beginnt sich zu regenerieren. Stresshormone werden unter der Regie des parasympathischen Nervensystems abgebaut. Wir entspannen uns allmählich so weit, dass wir das Niveau des normalen Widerstandes erreichen."

TN: „Heißt das, dass wir unserem Körper nur genügend Zeit einräumen müssen, damit er sich ganz von alleine wieder einpendeln kann?"

BT: „Die hohe Beteiligung der entwicklungsgeschichtlich älteren Gehirnregionen an der automatisierten Stressreaktion lässt durchaus darauf schließen, dass die Natur es für uns ursprünglich wohl genauso eingerichtet hat. Immer darauf bedacht, Energie und Ressourcen möglichst effektiv einzusetzen, hat Mutter Natur einen Mechanismus entwickelt, der es uns in grauer Vorzeit bei Gefahr ermöglichte, in Sekundenbruchteilen bereit zu sein, um dann nach getaner Tat in Muße auszuruhen und neue Kräfte zu sammeln. War der Kampf oder die Jagd beendet, machte man es sich am Feuer bequem und ruhte sich von der Anstrengung aus; auf Anspannung folgte eine ausreichend lange Phase der Entspannung."

8.3   Negative Auswirkungen von Dauerstress

TN: „Wenn ich mir meinen alltäglichen beruflichen Stress anschaue, würde es mir bestimmt auch gut tun, mich nach einer Anstrengung an ein Lagerfeuer zu setzen. Da das wohl illusorisch sein dürfte, besitze ich also mit dem Stressregelkreis einen hocheffizienten Mechanismus für den Dschungel, der mir bei akuten, vereinzelt auftretenden Gefahren das Überleben sichert, sich aber wohl kaum eignet, meinen alltäglichen Dauerstress am Arbeitsplatz zu bewältigen. Schließlich folgt dort Stressor auf Stressor. Entspannung ist da kaum angesagt."

BT: „Die Leidensgeschichte eines erfolgreichen Inhabers eines europaweit agierenden Handwerksbetriebes, der nach einem Tinnitus (Hörsturz) an einem Seminar teilnahm, bestätigt nicht nur diese Sichtweise, sondern verdeutlicht darüber hinaus, dass manch einer selbst eine Menge dazu beiträgt, seine energieaufwändige Stressautomatik immer wieder in Gang zu setzen, ohne sich ausreichend Zeit zur Erholung zu nehmen.

Unser Klient schildert zunächst ausführlich, wie er ständig gefordert sei, alltäglich betriebsam von Termin zu Termin zu hetzen, nicht selten in Verbindung mit zeitaufwendiger Reisetätigkeit ins Ausland. Ohne ihn ginge es einfach nicht. Er habe „jede Menge um die Ohren."

Zeit für Pausen oder zum Planen gebe es da nicht. Planen sei ohnehin sinnlos, da ständig etwas dazwischen komme. Das Wort „Pause" sei für ihn ohnehin ein Fremdwort. Immer häufiger stelle sich allerdings heraus, dass die ganze Hektik völlig unnötig sei und er durch seine beinahe ungesteuerte Motorik sinnlos wertvolle Energie vergeudet habe.

Nach wie vor führe er seine Betriebsamkeit jedoch in erster Linie auf einen hohen Arbeitsanfall zurück, räume aber auch ein, dass er schon bestrebt gewesen sei, sich jeder Aufgabe bedingungslos zu stellen, um perfekte Ergebnisse zu erzielen. Auch falle es ihm schon schwer, „Nein" sagen zu können.

Voll im Stress sei es ihm verständlicherweise kaum möglich erst nachzudenken, bevor er handle. Vielmehr reagiere er meist spontan und intuitiv, „aus dem Bauch heraus". Fehlentscheidungen und Fehlhandlungen hätten deshalb beträchtlich zugenommen. Das wiederum habe den Druck verstärkt, weil er dadurch verursachte Fehler wieder habe ausbügeln müssen. So sei ein Teufelskreis entstanden.

Selbstverständlich arbeite er bedeutend länger, als gut sei. Das sei er allein schon seiner Position schuldig, wobei ihm schon klar sei, dass bloße Anwesenheit nicht mit Leistung gleichzusetzen sei. Nicht nur andere, leider auch er selbst spüre, dass er nach einer langen Reise und anschließenden anstrengenden Arbeitsstunden an Leistungsfähigkeit deutlich abnehme. Deshalb habe er auch oft das Gefühl, dass sein Arbeitsergebnis immer weniger in einem sinnvollen Verhältnis zum dafür notwendigen Zeitaufwand stehe.

Nicht selten beschäftige er sich mit konzeptionellen Dingen zu Hause, behellige mit beruflichen Themen seine Frau, andere Verwandte und Bekannte. Am negativsten wirke sich sein Druck dadurch aus, dass er sich nachts von einer Seite auf die andere wälze und den für seine Erholung so wichtigen Schlaf nicht mehr ausreichend finde. Hinzu komme der „Jet-Lag", der seine innere Uhr zeitweise völlig durcheinander wirbelt. Nun sei zu allem Überfluss auch noch der Tinnitus hinzugekommen.

Je stärker der Druck, umso mehr Zigaretten konsumiere er und umso stärkeren Kaffee brauche er. Außerdem habe er begonnen, Tabletten in größerer Stückzahl einzunehmen. Tagsüber nehme er Aufputschmittel, was seine Einschlafstörungen verstärke. Deshalb bräuchte er abends stärkere Schlafmittel.

Am Morgen sei er dann wie gerädert, saft- und kraftlos. Folglich seien Aufputschmittel an der Reihe. Er frage sich inzwischen ernsthaft, wie lange sein Körper das noch mitmache. Die Sache mit dem Tinnitus sei ja wohl auch kaum von ungefähr gekommen, wie ihm inzwischen klar geworden sei.

In seiner Freizeit nehme er sich immer wieder vor, etwas zur Entspannung zu tun, schaffe es aber nicht. Stattdessen habe er begonnen, sich ein Gläschen Wein oder zwei zu gönnen – das entspanne nicht nur, es muntere sogar ein wenig auf. Manchmal finde er es jedoch schon bedenklich, wie sehr er sich daran gewöhnt habe. Immer seltener komme er am Abend ohne seine Gläschen Wein aus.

Bedenklich finde er auch, dass es ihm zunehmend schwerer falle, sich zu beherrschen, seine negativen Emotionen zu steuern. Schon ein kleiner Anlass könne ihn „auf die Palme bringen". Seine Mitarbeiter stünden seinen Ausbrüchen hilflos gegenüber – wie sollte einer auch nur ahnen können, das solche Kleinigkeiten ihn „auf 180" bringen?

Von seiner Familie und seinen Bekannten erwarte er eigentlich, dass diese Rücksicht auf seine Überarbeitung nehmen, werde aber in letzter Zeit zunehmend enttäuscht, was ihn wieder verstärkt in die Arbeit treibe.

Seine Frau meine, dass er den Stress von der Arbeit nicht nur nach Hause mitbringe, er beginne zunehmend seine nächsten Mitmenschen mit seinen Launen förmlich zu terrorisieren. Seine Stimmungsschwankungen rechtfertige er ihr gegenüber mit seiner starken Erschöpfung."

TN: „Auch wenn ich nicht in einem derartigen chaotischem *Stressszenario* lebe, das eine oder andere kommt mir schon bekannt vor!

Insofern drängt sich mir die Frage auf, ob, bzw. inwieweit negative Auswirkungen von Dauerstress wie der dort berichtete Tinnitus bei einem vergleichbaren Lebensstil umso wahrscheinlicher werden, je mehr Stressoren aufeinander folgen und je intensiver sie erlebt werden, so dass sich eine echte Entspannung einfach nicht mehr einstellen kann?"

BT: „Der Stressregelkreis unterscheidet sich in einem wesentlichen Aspekt von anderen körperlichen Regelkreisen. Nehmen wir zum Beispiel den Regler, mit dessen Hilfe wir unsere Körpertemperatur einstellen, welche normalerweise bei 36,5 Grad Celsius liegt. Mit dem Ansteigen der Temperatur bei einer fiebrigen Erkrankung werden physiologische Prozesse eingeleitet, die der Abwehr von Krankheitserregern dienen. Mit dem Ende der Infektion wird unsere Körpertemperatur wieder auf den Sollwert von 36,5 Grad Celsius heruntergefahren, weil bei weiterhin zu hohen Temperaturen unser Körper geschädigt würde (Prinzip der Homöostase).

Demgegenüber stellt der Stressregelkreis unseren Körper bei Dauerstress nach und nach auf einen höheren Sollwert ein (Prinzip der Allostase). Die damit verbundene hohe Aktivierung kann von unserem Organismus allerdings nicht auf Dauer verkraftet werden. Durch den ständig erhöhten Cortisolwert im Blut wird das Immunsystem geschwächt, woraus eine höhere Anfälligkeit für Infekte resultiert. Dauerhaft erhöhte Blutdruck- und Blutfettwerte erhöhen die Gefahr von Herzinfarkt und Schlaganfall. Zwar verbessert eine kurzfristige Stressreaktion die Aufmerksamkeit, Dauerstress wirkt sich jedoch negativ auf Gedächtnisleistung und Konzentrationsvermögen aus. Muskel- und Rückenleiden resultieren aus der Dauerspannung. Magen- und Darmgeschwüre, erhöhte Krebsanfälligkeit, Tinnitus, Depressionen, Impotenz, kurzum eine ganze Palette körperlicher und seelischer Erkrankungen stehen in mehr oder weniger direktem Zusammenhang mit der Überlastung der Körperfunktionen durch Dauerstress (allostatic overload)."

TN: „Bei den Aussichten wäre es wohl am besten, erst gar nicht Gefahr zu laufen, in ein solches Stressszenario hineinzugeraten."

BT: „Sinnvollerweise sollten Sie Stressbewältigung nicht erst dann lernen, wenn Sie seelisch und körperlich unter Druck stehen. Nehmen Sie sich diese Erkenntnis zu Herzen und lassen Sie sich von dem berichteten Stressszenario anregen, frühzeitig vorzubeugen. Wenn es um Stress geht, gilt uneingeschränkt: Vorbeugen ist besser als heilen!

Die Überlegungen im Folgekapitel unterstützen Sie dabei, es erst gar nicht so weit kommen zu lassen, dass es durch unbewältigten Dauerstress zu gesundheitsschädlichen Folgen kommt."

8.4   Auswirkungen von negativem Stress rechtzeitig begegnen

Sie haben es selbst in Ihrer Hand, in Stressszenarien wie im berichteten Beispiel erst gar nicht einzusteigen, bzw. jederzeit auszusteigen. Fünf Tipps helfen Ihnen, rechtzeitzeitig Gegenmaßnahmen einzuleiten:

1. Nehmen Sie nicht jede Angelegenheit zu schwer!

2. Erzielen Sie bessere Ergebnisse durch ruhiges Überlegen!

3. Haben Sie Mut zum „Nein"!

4. Delegieren Sie bereitwillig!

5. Optimieren Sie Ihren Fitnessfaktor!

8.4.1 Nehmen Sie nicht jede Angelegenheit zu schwer!

Oft ist man oder wird man entweder von seinem Kunden oder auch aus eigenem Antrieb auf eine bestimmte Problematik hin so stark fixiert, dass man sich nicht von ihr lösen kann. Sie gewinnt dann einen Stellenwert im beruflichen, nicht selten auch im privaten Lebensbereich, die ihr nicht zukommen darf.

Wenn Ihnen so etwas geschieht, haben Sie zu wenig über die Bedeutung der Angelegenheit nachgedacht, sind vielleicht sogar vom noch stärker gestressten Kunden zur falschen Einschätzung verleitet worden. Erwägen Sie daher, wenn Sie sich durch die eine oder andere Angelegenheit stark unter Druck gesetzt fühlen, ob Sie dieser Angelegenheit nicht mehr Gewicht beimessen als sie verdient. Sollte dies der Fall sein, liegen zwei mögliche Ursachen nahe:

Ihre Prioritätensetzung ist fehlerhaft oder aber Sie setzen sich (immer) unnötig stark unter Druck, zeigen möglicherweise sogar Tendenzen zum „Workaholic".

Prüfen Sie mit dem Fragebogen auf der Folgeseite, ob Sie dazu neigen, (immer) selbstüberfordernd zu handeln (vgl. Abbildung 51).

Bewerten Sie die Aussagen so, wie Sie sich gegenwärtig in Ihrer beruflichen Situation erleben!

Abb. 51:   „Neige ich dazu, (immer) selbstüberfordernd zu handeln?

Aussage	trifft ... zu				
	voll	meist	teils	selten	nicht
Abschalten und Ausspannen fällt mir schwer.	5	4	3	2	1
Ich habe Muskelverspannung oder Magen-Darm-Beschwerden.	5	4	3	2	1
„Nur nicht aufgeben" ist meine Devise.	5	4	3	2	1
„Vorwärts kommen" bedeutet mir viel.	5	4	3	2	1
Für meine Erfolge muss ich hart arbeiten.	5	4	3	2	1
Einmal begonnene Arbeit führe ich auch zu Ende.	5	4	3	2	1
Ich glaube, dass die meisten Dinge nicht so einfach sind, wie sie dargestellt werden.	5	4	3	2	1
Für die Verwirklichung meiner Ziele wende ich viel Mühe auf.	5	4	3	2	1
Vorgänge während der Arbeit beschäftigen mich nach Feierabend.	5	4	3	2	1
Trotz erheblicher Anstrengungen bin ich mit dem Erreichten nicht zufrieden.	5	4	3	2	1
Jeder Einschätzung ist eine Punktzahl zugeordnet. Addieren Sie die Werte zu Ihrer Gesamtpunktzahl					

Auflösung

Weniger als 17 Punkte:

Sie laufen keine Gefahr, sich unnötig stark selbst zu überfordern. Bei weiterhin konsequenter Beachtung der in diesem Buch vorgestellten Prinzipien des Zeitmanagements sollte es Ihnen gelingen, erst gar nicht in gesundheitsschädliche Stressszenarien einzusteigen.

18 – 27 Punkte:

Sie sind hin und wieder versucht, sich selbst übermäßig stark in Zugzwang zu setzen.*

Über 28 Punkte:

Sie sollten dringend an sich arbeiten. Ihre Neigung sich selbst übermäßig stark zu überfordern, ist sehr deutlich ausgeprägt.*

* Lassen Sie sich von den folgenden Überlegungen zum Stressmanagement anregen, an Ihrer Situation zu arbeiten.

8.4.2   Erzielen Sie bessere Ergebnisse durch ruhiges Überlegen!

Sie müssen zwar unter Zeitdruck arbeiten, aber das sollte Sie nicht davon abhalten, stets zu prüfen, ob die Ihnen erteilte Aufgabe tatsächlich diese hohe Priorität hat. Ist die Aufgabe wirklich so wichtig? Muss sie tatsächlich so schnell erledigt werden?

Ein großer Fehler besteht darin, übereilt zu handeln, aus Angst, nicht rechtzeitig mit der Arbeit fertig zu werden. Stattdessen ist angebracht, zunächst kurz innezuhalten, die Priorität zu bestimmen und sich dann erst zu entscheiden, die Aufgabe geplant und systematisch auszuführen. Wie schon unter Punkt 6.1 ausgeführt heißt methodisch Vorgehen nicht, nach Schema „F" handeln, sondern schafft Voraussetzungen für überlegtes Handeln für benennbare, fest umrissene, meist häufig wiederkehrende Arbeiten im betrieblichen Alltag.

Vergleichen Sie hierzu auch das Flussdiagramm (Abb. 37) sowie die Leitfragen der „Schnellplanung in systematischen Schritten" unter Punkt 6.1.1, die Sie vor blindem Aktionismus schützen.

8.4.3 Haben Sie Mut zum „Nein"!

Seien Sie bereit, zu einer Aufgabe „Nein" zu sagen, auch wenn Ihr Kunde Ihnen diesen lukrativen Auftrag in Aussicht stellt, Sie aber klar erkennen, dass Sie jetzt schon, oder auf Dauer überfordert sind bzw. sein werden. Fragen Sie sich, ob Sie Ihren Ehrgeiz noch steuern können oder ob bzw. inwieweit er Sie bereits beherrscht.

Sie tun weder sich selbst noch Ihrem Partner etwas Gutes, wenn Sie die eigenen Fähigkeiten überschätzen. Klar – man sollte ehrgeizig und bestrebt sein, Wünsche des Kunden zu erfüllen, aber auch wissen und wahrhaben wollen, wo die eigenen Grenzen liegen. Weder Ihr Kunde noch Ihre Mitarbeiter werden Ihnen später helfen können, vielleicht auch nicht helfen wollen, wenn Sie – bedingt durch zahlreiche Überforderungen – in Ihrer Leistung absinken und / oder krank werden.

Die Gefahr negativer Folgen von Dauerstress besteht besonders dort, wo ein „Haus der offenen Tür" betrieben wird, in dem jedes Telefonat entgegengenommen wird, jeder Besucher jederzeit Zugang hat. Gegenmaßnahmen hierzu wurden bereits unter Punkt 4.4.2 „Ungeplante externe Störungen (Telefonate, unangemeldete Besucher)" erläutert.

Vielleicht gehen Sie stresserzeugenden Zeitdieben aber auch deswegen auf den Leim, weil Sie zu denen gehören, die es jedem und allen im Unternehmen recht machen wollen.

Prüfen Sie diese Möglichkeit mit dem Fragebogen auf der Folgeseite.

Bewerten Sie die Aussagen so, wie Sie sich gegenwärtig in Ihrem beruflichen Umfeld erleben!

Entscheiden Sie spontan. Der erste Impuls ist richtig!

Abb. 52:   Fragebogen: Will ich es anderen bei uns (immer) recht machen?

Aussage	trifft ... zu				
	voll	meist	teils	selten	nicht
Konfrontationen gehe ich aus dem Weg.	5	4	3	2	1
Meine Interessen und Wünsche behalte ich für mich.	5	4	3	2	1
Von anderen akzeptiert zu werden, ist für mich wichtig.	5	4	3	2	1
Ich versuche möglichst rasch herauszufinden, was andere von mir erwarten.	5	4	3	2	1
Ich möchte gerne wissen, ob ich meine Arbeit auch gut gemacht habe.	5	4	3	2	1
Meine Interessen stelle ich öfter zugunsten anderer zurück.	5	4	3	2	1
Auf die Zustimmung der anderen lege ich Wert.	5	4	3	2	1
Ich kritisiere ungern.	5	4	3	2	1
Ich versuche niemanden zu verletzen.	5	4	3	2	1
„Nein sagen" fällt mir schwer.	5	4	3	2	1
Jeder Einschätzung ist eine Punktzahl zugeordnet. Addieren Sie die Werte zu Ihrer Gesamtpunktzahl					

Auflösung

Weniger als 17 Punkte:

Sie laufen keine Gefahr, es anderen übermäßig recht machen zu wollen. Gegenmaßnahmen vor ungeplanten Störungen sollten Ihnen nicht allzu schwer fallen.

18 – 27 Punkte:

Sie sind hin und wieder versucht, es anderen recht machen zu wollen. Optimierungen dürften Ihnen zwar nicht schwer fallen, Sie sollten jedoch bei der Verwirklichung Ihrer Gegenmaßnahmen konsequenter vorgehen.

Über 28 Punkte:

Sie sollten dringend an sich arbeiten. Ihre Neigung sich für andere zu opfern, ist sehr stark ausgeprägt. Beginnen Sie mit „kleinen" Schritten. Überlegen Sie, was Sie am ehesten umsetzen können. Damit sollten Sie beginnen. So schaffen Sie sich Erfolgserlebnisse. Sie erfahren nicht nur, dass es auch anders gehen kann, Sie werden nach und nach Stressoren los, die sich auf Ihr Wohlbefinden negativ auswirken können.

8.4.4 Delegieren Sie bereitwillig!

Selbstverständlich müssen Sie sorgsam prüfen, ob ein Mitarbeiter übertragene Aufgaben bewältigen kann. Sollten sie dennoch zu sehr fürchten, dass Ihr Mitarbeiter versagt, führen Sie sich vor Augen, was für eine Delegation spricht:

➢ Auf Dauer können Sie die Ihnen übertragenen Aufgaben alle nicht mehr allein schaffen. Es bleibt nicht aus, dass Arbeiten liegen bleiben und möglicherweise erst nach Feierabend von Ihnen erledigt werden. Sie sind überfordert und liefern nicht die Qualität, die Sie erreichen wollen.

➢ Ihr Mitarbeiter muss Chancen zur Bewährung erhalten. Wie will er sich weiterqualifizieren, wenn Sie ihm nur Routineaufgaben übergeben? Was soll ihn motivieren?

➢ Sie zeigen Mut zum kalkulierten Risiko. Seien Sie bereit, Aufgaben auch dann zu delegieren, wenn eine gewisse Gefahr besteht, dass Ihr Mitarbeiter scheitert. Sie haben es in der Hand. Sie können abschätzen, ob Sie die Übertragung der Arbeiten schon wagen können. Fördern Sie durch Fordern!

➤ Sie überwinden Ihre eigene Bequemlichkeit. Schließlich ist es nicht leicht, Aufgaben echt zu delegieren. Sie müssen nämlich Geduld beim Einarbeiten des Mitarbeiters zeigen, Fingerspitzengefühl entwickeln und ihn immer wieder durch angemessenes Lob ermutigen.

Kaum zu glauben – aber wahr: nicht wenige Selbständige überfrachten ihren Arbeitstag mit Aktivitäten, die sie genauso gut sein lassen könnten. Nichts würde passieren. Für viele Tätigkeiten gibt es keinerlei sachliche Notwendigkeit, auch wenn immer wieder sachliche Scheinargumente angeführt werden. Hier einige Beispiele aus der Praxis:

➤ „Als Firmeninhaber muss ich *unbedingt* über jedes Detail Bescheid wissen; schließlich brauche ich einen Wissensvorsprung."

➤ „Ich kann doch keine halben Sachen hinnehmen. Wo kämen wir denn da hin? In der Technik gibt es nur Hundertprozent-Lösungen, und zwar *immer und überall*!"

➤ „ Wenn ich nicht *immer* alle Einzelheiten festhalte, komme ich später in Teufels Küche. Wie soll ich mich dann verteidigen?"

➤ „Vertrauen ist gut, Kontrolle ist besser! Wenn ich nicht *immer* alles kontrolliere, läuft es garantiert schief!"

➤ „Was mir meine Leute vorlegen, kann ich so *nie* weitergeben. Ich muss *immer allem* noch den letzten Schliff geben!"

➤ „In diesem Ausschuss muss ich doch *unbedingt* vertreten sein!"

Sicher mag das eine oder andere für bestimmte Fälle gelten, doch was an den Äußerungen bedenklich stimmt, sind die kursiv zitierten Wörtchen „unbedingt", „nie", „immer", „alles" und „überall". Wer so denkt, argumentiert nicht rational. Er setzt sich unnötig unter Druck. Selbstüberforderung und unangemessen hohe Anforderung an die Arbeitserfüllung sind die Folge.

Der erste Schritt zur Besserung ist die selbstkritische Reflexion. Gegenmaßnahmen liegen in zielgerichteten, ökonomischeren Handlungen. Das Zauberwort zum Stressabbau lautet: „Funktionsgerechtigkeit". Prüfen Sie daher mit dem Fragebogen „Wie perfekt will ich (immer) sein" (vgl. Abbildung 53), ob Sie zu selbstüberfordernden Perfektionismus neigen.

Abb. 53:   Fragebogen: „Wie perfekt will ich (immer) sein?"

Aussage	trifft ... zu				
	voll	meist	teils	selten	nicht
Meine Arbeiten führe ich stets perfekt aus.	5	4	3	2	1
Ich rege mich (wenigstens innerlich) über Leute auf, die nicht präzise reden oder arbeiten.	5	4	3	2	1
Wenn ich meine Meinung äußere, begründe ich sie auch.	5	4	3	2	1
Schriftliche Ausarbeitungen überprüfe ich vor Abgabe mehrmals.	5	4	3	2	1
Ich sollte meine Arbeit noch besser erledigen.	5	4	3	2	1
Es ist mir wichtig, dass Arbeiten vor der Zeit fertig sind.	5	4	3	2	1
Ich gliedere meine Aussagen gerne, z.B.: erstens, zweitens ...	5	4	3	2	1
Ich setze gerne für mich die Messlatte höher, als es eigentlich vereinbart war.	5	4	3	2	1
Kompromisse gehe ich ungern ein.	5	4	3	2	1
Häufig sage ich: Genau!, Klar!, Logisch!	5	4	3	2	1
Jeder Einschätzung ist eine Punktzahl zugeordnet. Addieren Sie die Werte zu Ihrer Gesamtpunktzahl					

Auflösung

Weniger als 17 Punkte:

Sie laufen keine Gefahr, unnötig stark perfekt sein zu wollen. Ökonomisches Handeln mit „Beschränkung auf Funktionsgerechtigkeit" sollte Ihnen nicht allzu schwer fallen. Arbeiten Sie weiter konsequent mit den Prinzipien des Zeit-, Ziel- und Ressourcenmanagements.

18 – 27 Punkte:

Sie zeigen Tendenzen zu pedantischem Perfektionismus. Formulieren Sie persönliche Ziele, um ökonomischer zu handeln. Denken Sie vor allem an das „Zauberwort": Funktionsgerechtigkeit!

Über 28 Punkte:

Sie sollten dringend an sich arbeiten. Ihre Neigung übermäßig perfekt sein zu wollen, ist stark ausgeprägt. Überlegen Sie, welche Tätigkeiten auch „nur" funktionsgerecht ausgeführt werden können. Erstellen Sie eine Rangreihe, in der Sie festlegen, welche Tätigkeiten Sie am ehesten funktionsgerecht ausführen könnten. Mit diesen fangen Sie an! Werden Sie perfekt darin, darauf zu achten, dass nicht alles immer pedantisch perfekt sein muss!

8.4.5 Optimieren Sie Ihren Fitnessfaktor!

Für viele Selbständige besteht die Gefahr, dass sie ganz in ihrer Arbeit aufgehen. Zählen Sie auch dazu? Oder haben Sie eine glückliche Zweiteilung vorgenommen zwischen hohem Engagement während der Arbeitszeit, sicher mehr als acht Stunden am Tag, und echter Entspannung in der Freizeit?

Nach der geistigen Anstrengung im Betrieb sollte das körperliche Training in der Freizeit nicht zu kurz kommen. Entspannen fällt leichter, wenn nach Feierabend etwas gänzlich anderes getan wird als im Büro. Schließlich lässt sich die alltägliche Dauerbelastung mit gut ausgebildeter persönlicher Fitness wesentlich besser bewältigen.

Der Begriff *Fitness*, ähnlich wie der Begriff „Stress" ist ein Modegriff: Er wird häufig verwendet, ohne klar definiert zu sein. Im Englischen steht „to fit" für passend, geeignet bzw. fähig, tauglich. Fitness bedeutet demnach Eignung, Fähigkeit oder Tauglichkeit.

Man könnte Fitness demnach als Leistungsfähigkeit definieren, die Körper, Seele und Geist umfasst. Demnach wäre Fitness eine Fähigkeit, die es dem Organismus erlaubt, unterschiedliche (wechselnde oder gleich bleibende) Anforderungen zu bewältigen, verbunden mit der durch Lernen und Training erworbenen Fähigkeit der Regeneration bzw. der Steigerung der Belastungsfähigkeit. Fitness könnte damit auf das Resultat jedes erfolgreichen Lern- oder Trainingsensembles angewendet werden: Stressfitness, Ernährungsfitness, mentale Fitness, Konzentrations-, Lern- und Leistungsfitness.

Im Allgemeinen wird zwischen körperlicher und geistiger Fitness unterschieden. Der Erwerb von Fitness, gleich welcher Art, ist demnach ein Anpassungs- oder Lernprozess, bei dem der Erwerb einer bestimmten Fähigkeit ausgebildet oder erworben wird. Der Erwerb (oder die Ausbildung) von Fitness ist daher das Ergebnis eines Lern- und Trainingsprozesses.

Als *Fitnesstraining* werden meist Aktivitäten bezeichnet, die die körperliche Leistungsfähigkeit erhalten und verbessern. Hierbei kann es sich sowohl um freizeitsportliche Aktivitäten, als auch um Aktivitäten im Bereich des Leistungssports handeln. In einem erweiterten Wortsinn kann Fitnesstraining auch im Rahmen von Rehabilitationsmaßnahmen als körperliches Aufbautraining praktiziert werden.

Körperliche Fitness bezieht sich auf Ausdauer, Kraft, Beweglichkeit und Koordination. Entsprechend lassen sich vier Trainingsarten unterscheiden, durch die der Aufbau körperlicher Fitness erreicht werden kann:

Aerobes Ausdauertraining (z.B. Laufen, Walking, Nordic-Walking, Radfahren, Schwimmen, Triathlon, Rudern, Inlineskating, Eis(schnell)lauf, Skilanglauf, Aerobic, Aqua-Jogging, Aqua-Walking, Aquarobic)

Krafttraining (z.B. Gerätetraining, Kieser Training, Kampfsport, Aqua-Workout bzw. Aquapower = Krafttraining gegen den Wasserwiderstand, auch mit Hanteln)

Beweglichkeitstraining (z.B. Stretching, Joga, Tai Chi Chuan, Gymnastik, Rückenschule, Klettern, Kampfsport, Wassergymnastik, Tanzen)

Koordinationstraining (z.B. Ballspiele („dribbeln"), Golf (Abschlag, Putten), Seilspringen, Hindernislauf, Slalomlauf usw.)

Prüfen Sie, ob, bzw. inwieweit für Sie in dem einen oder anderen der aufgelisteten Felder Handlungsbedarf besteht und wählen Sie aus der breiten Palette privater und / oder öffentlicher Anbieter eine für Sie passende Kombination für ein

Fitnesstraining. Wenn Sie regelmäßig trainieren, dient das nicht nur Ihrer Erholung, es steigert auch Ihre Leistungsfähigkeit und erhöht Ihre Belastbarkeit. Sie haben dem alltäglichen Stress einfach mehr entgegenzusetzen.

8.5   Stressbewältigung durch dauerhaften Ausgleich

Sorgen Sie dafür, dass das Gleichgewicht zwischen Beanspruchung einerseits und Erholung andererseits auf Dauer stimmt. Jeder von uns kann zwar über einen begrenzten Zeitraum Höchstleistungen erbringen, wir sollten uns aber nicht einbilden, grenzenlos belastbar zu sein. Wir verfügen weder über die geistigen noch körperlichen Möglichkeiten, um ständig bis an unsere persönlichen Grenzen zu gehen. Wir sind uns selbst gegenüber in der Pflicht, für einen angemessenen Ausgleich zu sorgen.

Nehmen Sie sich selbst und die eigene Gesundheit wichtig. Legen Sie Wert darauf, sich selbst etwas Gutes zu tun. Tragen Sie Ihre Ausgleichsaktivitäten mit einer hohen Priorität ebenso in Ihr Zeitplanbuch ein, wie berufliche Ziele und Termine.

Gerade in Zeiten starker Arbeitsbelastung sinkt häufig die Bereitschaft, sich positiven Ausgleich zu verschaffen. Angenehme Hobbies und Freizeitaktivitäten werden weniger wahrgenommen und auch weniger genossen. Unerledigte Arbeiten, Zeitdruck und beruflicher Ärger bestimmen unser Denken und Handeln. Resultat: Wir stürzen geradezu in unsere Arbeit.

So paradox es klingt – gerade im Dauerstress müssen wir die Zügel besonders fest in die Hand nehmen, uns also unter Druck setzen, um uns Zeit für einen angemessenen Ausgleich zu nehmen.

Schaffen Sie sich Freiraum für Zufriedenheitserlebnisse. Genießen Sie entspannende, positive Erlebnisse im Alltag ohne schlechtes Gewissen. Sollten Sie sich zu rastlos und zu erschöpft fühlen, um aufwendigere Aktivitäten wie Theater- und Konzertbesuche wahrzunehmen, dann beginnen Sie eben mit „kleineren" Vergnügungen. Am besten fangen sie sofort damit an!

Für den Fall, dass Sie nicht wissen, was genau Sie denn nun mit A-Priorität in Ihr Zeitplanbuch notieren – hier eine (sicher unvollständige) Liste möglicher Freizeitaktivitäten:

➢ Veranstaltungsbesuche: Theater, Konzert, Ausstellung, Museum, Kino, Sport

➢ Spazieren gehen, Einkaufsbummel

➢ Bücher, Zeitschriften lesen, Denksportaufgaben lösen

➢ Tages- oder Wochenendausflug, Verreisen, Urlaub

➢ Werken, Basteln, Musizieren, Fotografieren, Gärtnern, dem persönlichen Hobby nachgehen, Sport treiben

➢ Faulenzen, auf der Terrasse liegen, Wolken beobachten, dem Sonnenuntergang zuschauen

➢ Gäste einladen, Partys besuchen, Besuche machen, gepflegt Essen gehen

➢ Etwas gemeinsam mit Freunden unternehmen, Gesellschaftsspiele machen

➢ Mit den Kindern spielen

➢ Sich mit Tieren beschäftigen

➢ Ausgiebig baden, in die Sauna gehen, Wellness betreiben

Und damit wir gleich „Nägel mit Köpfen machen" – wählen Sie mindestens drei Aktivitäten aus, die Sie noch in dieser Woche verwirklichen!

Selbständige verbringen etwa 85 % ihrer Arbeitszeit im Sitzen an Schreib- oder Besprechungstischen, im Auto oder öffentlichen Verkehrsmitteln. Wenn wir im Stuhl sitzen, verkümmern unsere 500 Muskeln. Unsere Muskulatur leistet gerade so viel, wie von ihr verlangt wird – je weniger, umso deutlicher büßt sie an Leistungsfähigkeit ein. Auch unser Herz-Kreislauf-System arbeitet immer weniger ökonomisch.

Suchen Sie nach Möglichkeiten, sich auch während Ihrer Arbeitszeit ausreichend zu bewegen.

Nutzen Sie die „kleinen" Möglichkeiten zur körperlichen Bewegung während Ihres Arbeitstages:

➢ Vertreten Sie sich vor und nach Ihrer Mittagsmahlzeit kurz die Beine: Drehen Sie eine Runde um den Block!

➢ Platzieren sie Ihren Papierkorb etwas weiter weg von Ihrem Schreibtisch, stellen sie häufig benutzte Akten ganz oben ins Regal.

➢ Gehen Sie zu Ihren Mitarbeitern, statt mit Ihnen zu telefonieren.

➢ Steigen Sie Treppen statt mit dem Aufzug zu fahren.

➢ Sitzen Sie dynamisch: wechseln Sie zwischen vorgeneigter, aufrechter und zurückgelehnter Sitzhaltung und schonen Sie so Rücken und Bandscheiben. Lesen Sie Ihre Post, Akten im Stehen (am Stehpult).

➢ Praktizieren Sie Ausgleichsübungen: Lassen Sie Schultern und Arme locker hängen. Drehen Sie den Kopf abwechselnd von rechts nach links, und von links nach rechts. Ihr Kopf ist bei den Drehbewegungen leicht nach vorne gebeugt. Ihr Blick richtet sich dabei nach unten.

8.6   Entspannungsmethoden

Umfassende und hochwirksame Unterstützung bei der Stressbewältigung bieten darüber hinaus systematische Entspannungsmethoden wie das „Autogene Training" nach Prof. J. H. Schultz oder die „Progressive Muskelentspannung" nach Edmund Jacobson.

Die systematischen Entspannungsübungen beider Methoden führen dazu, dass

➢ sich das Erregungsniveau senkt,

➢ sich die Belastbarkeit erhöht und positive Veränderungen in der Selbsteinschätzung auftreten,

➢ Angstbereitschaft abnimmt und bereits bestehende psychosomatischen Beschwerden wie Spannungskopfschmerz oder Herz-Kreislaufstörungen abgebaut werden.

Beide Methoden bewirken, dass unser Körper in einen Ruhezustand mit vermindertem Energieverbrauch versetzt wird:

➢ Sauerstoffverbrauch nimmt ab

➢ Herzfrequenz wird reduziert

➢ Blutdruck wird gesenkt

➢ Hautdurchblutung verbessert sich

➢ Der Spiegel bestimmter Hormone im Blut wird abgesenkt.

Beide Verfahren legen mit ihrer systematischen Methodik den Grundstein zur Erregungsreduktion, bauen funktionelle Beschwerden ab und bewirken auf der emotionalen Ebene Gelassenheit, Ruhe und Erholung. Die erreichte Entspannung bezieht sich nicht nur auf die physiologische Lockerung der Muskulatur sondern sie erzeugt auch eine positive innere Haltung.

Ziel des autogenen Trainings nach Prof. J. H. Schultz ist es, durch Konzentration und Selbstbeeinflussung einen Zustand herbeizuführen, der auf der Grenze zwischen Wachen und Schlafen liegt. Bei richtiger Anwendung entsteht durch die „konzentrative Entspannung" ein Gefühl der Schwere, durch die Erweiterung der Blutgefäße ein Gefühl der Wärme und schließlich ein Gefühl der tiefen inneren Ruhe.

8.7   Progressive Muskelentspannung

Besonders leicht erlernbar ist die progressive Muskelentspannung nach Edmund Jacobson, die wir insofern modifiziert haben, als wir Muskeln, die sonst einzeln angespannt und wieder entspannt werden, zu Muskelgruppen zusammengefasst haben. Wir erzielen mit dieser Methode gute Resultate, sowohl bei Anfängern als auch bei Wiedereinsteigern, die bereits einmal eine Entspannungsmethode erlernt, diese aber dann nicht weitergeführt haben.

Für den Anfänger ist grundsätzlich zu empfehlen, eine Langversion (ca. 40-45 Minuten Dauer) der Muskelentspannung einzuüben, um danach schrittweise kürzere Formen zu erlernen.

Das entspricht auch den Anforderungen der praktischen Anwendung: Im Verlaufe einer Phase des regelmäßigen Übens führt eine fortschreitende Verkürzung zu immer besseren Entspannungsresultaten, die schließlich den Anwender zur Spontanentspannung (Langzeitziel) befähigt, was bedeutet, dass die Methode in praktisch jeder Alltagssituation vom Anwender nutzbringend eingesetzt werden kann.

Die von uns hier vorgestellte Version entspricht einer mittleren Zeitdauer (ca. 20-30 Minuten Dauer). Die Entspannungsresultate sind mit dieser Methode nach einigen Anwendungen durchaus beachtlich, was Messungen mit der Hautwiderstandsanalyse bei inzwischen rd. 1200 Personen deutlich gezeigt haben.

Wie funktioniert die Methode, zu der wir Sie einladen und die Sie im „Selbstversuch" mit der nachfolgenden Anleitung hier durchführen können?

Das Prinzip beruht auf der Anspannung und der Entspannung der willkürlichen Muskulatur. Worum geht es dabei? Viele Menschen beklagen, dass Sie sich nicht richtig entspannen können. Sie meinen damit, dass sie sich oft gestresst fühlen und glauben, nur schwer abschalten zu können. Das ist eine Beobachtung, die auch Dr. E. Jacobsen seinerzeit (im Jahre 1934) offenbar schon beobachten konnte.

Während viele Menschen glauben, dass ihnen Entspannung eher schwer fällt, sind andererseits die meisten davon überzeugt, dass ihnen das Anspannen der Muskulatur weniger Probleme bereitet. Tatsächlich ist es aber so, dass viele Menschen sich mit der Wahrnehmung des Unterschiedes zwischen Anspannung und Entspannung schwer tun.

Der zentrale Fokus beim Üben liegt daher genau darauf, den Unterschied zwischen diesen beiden Zuständen besser wahrnehmen zu lernen. Die Muskelentspannungsmethode ist somit im Grunde ein Diskriminationstraining, meint: Das Ziel des Übens ist die Wahrnehmung dieser Unterschiede zu verbessern. Die sich zunehmend verbessernde Entspannung ist daher die Folge genau dieses Lerneffekts.

Aus diesem Grund muss auch der Vorstellung, dass man während des Übens „vollkommen weg" ist, entgegen getreten werden. Das weckt falsche Erwartungen und steht dem wirksamen Üben entgegen. Der Schwerpunkt liegt auf „Training" und es handelt sich daher um eine aktive Methode.

Vielen Menschen, die unsere Muskelentspannungsmethode kennen lernen, kommt es entgegen, dass sie für das Üben keines speziellen philosophischen Hintergrundwissens bedürfen und dass sie auch nicht Anhänger einer bestimmten religiösen Richtung sein müssen, um gute Resultate erzielen zu können. Die Methode beruht allein auf dem physiologischen Grundprinzip der Anspannung und Entspannung der Muskulatur.

Und so gestaltet sich daher auch der Ablauf beim Üben: Der Übende spannt eine bestimmte Muskelpartie an, spürt der Anspannung für einen Moment nach, nimmt sie wahr und nimmt sie dann wieder zurück. Für die Teilnehmer stellen sich im Moment des Zurücknehmens der Anspannung folgende Fragen:

➢ Welche Unterschiede nehme ich jetzt in diesem Moment wahr?

➢ Was ist jetzt anders?

➢ Welche „Entspannungssymptome" nehme ich vielleicht jetzt schon wahr: Ein angenehmes, entspanntes Körpergefühl. Angenehme Wärme. Schwere. Ruhe.

Sie haben in dem nachfolgenden Übungsteil selbst die Gelegenheit die Muskelentspannung auszuprobieren! Lassen Sie sich darauf ein, indem Sie die Unterschiede zwischen dem Spannungszustand zuvor und dem nachfolgenden Entspannungszustand wahrnehmen.

Wenn Sie die Instruktionen lieber hören als lesen möchten, können Sie die kompletten Grundübungen zur Muskelentspannung auf einer CD bestellen. Auf dieser CD befinden sich neben der hier vorgestellten Methode auch eine Autogene Entspannungsübung, die ebenfalls gut zur Stressprävention geeignet ist, sowie eine Übung zur suggestiven Tiefenentspannung. Auch bei dieser Kombination verkürzen sich die Zeiträume von Übung zu Übung, so dass die Übungen auch als Lernabfolge zur fortschreitenden Verkürzung verwendet werden können.

Wenn Sie die CD „Muskuläre und Autogene Entspannung" bestellen möchten, richten Sie Ihre Anfrage an praxis.sollmann@gmx.de, um die CD zu den Grundübungen zu erhalten.

Die Wirksamkeit muskulärer Entspannungsmethoden ist wissenschaftlich vielfach überprüft. Bei regelgerechter und regelmäßiger Anwendung ist die Methode ein effizientes Verfahren und stellt eine wirksame Unterstützung bei der Stressprävention dar.

Die Methode der Progressiven Muskelentspannung ist ein regelmäßiger Bestanteil unserer Stressbewältigungstrainings und dient der Unterstützung bei persönlichen Veränderungen („Verhalten im Stress").

Gegenindikationen sind eher selten, jedoch sollte auch bei geringen Zweifeln ein kompetenter Ansprechpartner (Dipl. Psych./Arzt/Psychotherapeut) um Rat gefragt werden.

Das jeweilige Entspannungserleben wird vom Übenden subjektiv sehr unterschiedlich empfunden. Achten Sie daher beim Üben auf kleinste Anzeichen einer beginnenden Entspannung: Ein angenehmes, entspanntes Körpergefühl. Angenehme Wärme. Schwere. Ruhe.

8.7.1 Empfehlungen zur Vorbereitung und Durchführung

1) Lesen Sie die Instruktionen durch, auch mehrmals, damit Sie sich die Abfolge leichter merken können.

2) Gehen Sie die Reihenfolge der Muskelpartien zunächst im Geiste durch, merken Sie sich schon beim Lesen die Reihenfolge in der die Muskelpartien zunächst nacheinander angespannt und wieder entspannt werden:

➢ Muskelbereich: Hände, Arme

➢ Muskelbereich: Beine (Ober- und Unterschenkel), Füße

➢ Muskelbereich: Stirn, Augen, Augenpartie

➢ Muskelbereich: Mund, Lippen, Zunge, Kiefermuskeln

➢ Muskelbereich: Hals, Schultern

➢ Muskelbereich: Bauchmuskulatur

➢ Zum Schluss noch einmal *alle* Muskelpartien zusammen an- und wieder entspannen!

3) Zur Vorbereitung auf die Übungen – sorgen Sie dafür, dass Sie ca. 25-30 Minuten ungestört sind, nehmen Sie in einem Sessel oder auf einem Stuhl Platz oder legen Sie sich auf eine Übungsmatte oder eine Liege (Couch).

4) Folgen Sie der Instruktion: Beginnen Sie mit der „Vorbereitung auf die Übungen" und den „Atemübungen" (s. u. „Instruktionen zur muskulären Entspannung").

5) Die komplette Anspannungsphase kann etwa 15-20 Sekunden lang dauern, wenn Sie das Anspannen langsam und sorgfältig ausführen und die Intensität niedrig dosieren, brauchen Sie die Zeit zum „Nachspüren" des Spannungsgefühls. Dann wird die angespannte Muskulatur in dem Zielbereich wieder entspannt, bevor eine erneute Anspannungsphase erfolgt.

6) Hinweis: Die Anspannung der Muskulatur soll gering dosiert sein. Eine „gefühlte" Anspannung von 30-40 Prozent ist genug! Augen und Augenpartie: max. 30 Prozent Anspannung. Die Augäpfel vertragen keinen Druck!

Bitte beachten Sie: Bleiben Sie stets deutlich unterhalb von Schmerzgrenzen.

7) Wenn Sie nach der Übung gleich weiter arbeiten, ein Fahrzeug lenken möchten oder eine andere Ihre Aufmerksamkeit erfordernde Tätigkeit ausüben wollen, dann beachten Sie bitte: Nehmen Sie die Entspannung am Ende der Übung *soweit es die Aufmerksamkeit erfordert* zurück: Atmen Sie tief ein, spannen Sie die Hände und Arme für einen Moment fest an und öffnen Sie die Augen.

8) Wenn Sie nach der Übung Zeit zur Verfügung haben, darf die Entspannung natürlich ausgiebig (und ohne Beachtung zeitlicher Begrenzung) genossen werden.

9) Zusätzlich kann die Methode der Muskelentspannung natürlich auch als Einschlafhilfe genutzt werden. *Tipp:* Die Intensität der Anspannung niedriger dosieren (< 30%).

Natürlich können Sie die Instruktionen des nächsten Abschnitts zum persönlichen Gebrauch auch auf ein Diktiergerät sprechen, damit Sie die Instruktionen anhören und sich dabei ganz auf die Wahrnehmung der Muskelpartien konzentrieren können. Achten Sie dabei darauf, dass die Anspannungsphasen langsam und bewusst ausgeführt werden, die Entspannungsphasen dürfen etwas länger sein.

Nochmals die Reihenfolge der Muskelpartien, die nacheinander angespannt und wieder entspannt werden:

- Muskelbereich: Hände, Arme
- Muskelbereich: Beine (Ober- und Unterschenkel), Füße
- Muskelbereich: Stirn, Augen, Augenpartie
- Muskelbereich: Mund, Lippen, Zunge, Kiefermuskeln
- Muskelbereich:, Hals, Schultern
- Muskelbereich: Bauchmuskulatur
- Zum Schluss noch einmal *alle* Muskelpartien zusammen anspannen!

8.7.2 Instruktionen zur muskulären Entspannung

Nehmen Sie jetzt in einem Sessel, oder auf einem Stuhl Platz oder legen Sie sich bequem auf einer Unterlage zurecht.

Sie sorgen dafür, dass Sie für eine Weile ungestört sind und sich ganz auf Ihren Körper und Ihr Wohlbefinden konzentrieren können.

Achten Sie jetzt auf Ihre *Atmung.* Die Atmung passiert – ganz von selbst – ohne Ihre bewusste Einflussnahme.

Beobachten Sie, wie sich beim natürlichen Einatmen die Bauchdecke hebt und beim Ausatmen wieder senkt.

Wenn Sie unter Spannung stehen, wirkt das *bewusste* Atmen wie ein persönlicher Drehzahlbegrenzer.

Atmen Sie durch die Nase ein – und durch den Mund aus.

Probieren Sie nun das bewusste Atmen:
Zählen Sie, während Sie durch die Nase einatmen, langsam bis drei:
„Eins – zwei – drei."

Legen Sie nun die linke Hand auf Ihren Bauch und beobachten Sie, wie sich beim Einatmen die Bauchdecke hebt und beim Ausatmen wieder senkt.

Atmen Sie nun wieder durch die Nase ein und zählen Sie dabei innerlich mit:
„Eins – zwei – drei." Beim Ausatmen senkt sich die Bauchdecke wieder.

Während Ihre linke Hand auf der Bauchdecke dem Rhythmus des Atems folgt, zählen Sie beim Einatmen innerlich mit.

Während Sie wieder bis „3" zählen, atmen Sie langsam durch den Mund aus. Formen Sie die Lippen beim Ausatmen zu einem leichten „O", so dass der Luftstrom einen leisen Ton erzeugt.

Während Sie nun dem Rhythmus Ihres Atems folgen – gehen Sie jetzt noch einmal die Körperpartien durch, die Sie während des Übens an- und wieder entspannen werden: durch die Hände, Unterarme, Oberarme, das Gesäß, die Oberschenkel, die Unterschenkel und Füße, dann wieder aufwärts, über Rumpf und Hals zum Kopf, dort zur Stirn, zu den Augen und der Augenpartie, zu Nase, Mund, Kiefermuskeln, zur Zunge im Mundraum, dann zu den Schultern, zur Rückenmuskulatur und schließlich zu den Bauchmuskeln. ... Gut so!

Vielleicht schweift Ihre Aufmerksamkeit gelegentlich ab, Gedanken kommen und gehen. Wehren Sie sich nicht dagegen, sondern begrüßen Sie die Gedanken und lassen sie dann vorbei ziehen, so wie Wolken am Horizont vorbei ziehen, wenn am Ende eines warmen Sommertages eine angenehme Brise die Wolken langsam und stetig davon trägt.

Geben Sie sich dem angenehmen Gefühl der Entspannung hin, während Sie noch tiefer in die Unterlage einsinken. Schließen Sie jetzt die Augenlider leicht. Gut so! Nehmen Sie sich ein wenig Zeit für sich und Ihr Wohlbefinden, indem Sie nun der Instruktionen folgen und die positiven Anzeichen von Entspannung im Körper beobachten und genießen:

Achten Sie auch auf die beginnende Wärme, Schwere, egal in welcher Körperpartie Sie sie bemerken, ob punktuell oder flächig..., tief im Körper oder auf der Oberfläche der Haut. Achten Sie auf feine Entspannungs-Zeichen, denken Sie daran, dass Sie zunehmend entspannter werden.

8.7.3 Die Übungen

Richten Sie Ihre Aufmerksamkeit jetzt auf die *Hände*, die *Unterarme* und die *Oberarme*. Spannen Sie zuerst die Hände an, indem Sie die Fäuste ballen, spannen Sie Ihre Unter- und Oberarme an, winkeln Sie sie vor dem Brustkorb an.

Steigern Sie die Spannung in den Händen und Armen allmählich – nicht zu fest – halten Sie die Spannung einige Sekunden – atmen Sie ruhig ein – und aus – lassen Sie die übrige Muskulatur des Körpers locker – und *entspannen* Sie dann, mit einem Mal oder allmählich, den zuvor angespannten Bereich – die Hände (lösen Sie die Fäuste wieder), die Unterarme und die Oberarme.

Nehmen Sie nun den Unterschied zwischen der Anspannung zuvor und der jetzt beginnenden *Entspannung* wahr. Beobachten Sie Ihren Körper ganz bewusst – alle angenehmen Gefühle sind Zeichen für eine beginnende *Entspannung*.

Nehmen Sie bereits kleine Veränderungen wahr, achten Sie darauf, ob die Wärme an bestimmten Punkten besonders spürbar wird, oder ob ein ganzer Bereich angenehm warm und schwer wird. Achten Sie auf den Unterschied zwischen dem Spannungszustand zuvor und der jetzt beginnenden Entspannung.
Wiederholen Sie die Anspannung in den *Händen,* den *Unterarmen* und den *Oberarmen.* Ballen Sie wieder die Fäuste, steigern Sie die Spannung in den angewinkelten Armen allmählich, atmen Sie ruhig – ein und aus – halten Sie die Spannung – die übrige Muskulatur bleibt locker – spüren Sie die Spannung – und entspannen Sie dann, mit einem Mal oder allmählich, die zuvor angespannte Muskulatur.

Während Sie ruhig atmen, haben Sie das Gefühl, allmählich tiefer in die Unterlage einzusinken und Sie spüren den Unterschied zwischen dem Spannungszustand zuvor und der jetzt beginnenden *Entspannung.*

Mit jedem Atemzug nehmen Sie mehr Entspannung in Ihrem Körper auf, lassen mit dem Ausatmen Restspannung aus Ihrem Körper hinaus fließen.

Gehen Sie mit Ihrer Wahrnehmung nun von den Armen zu den *Beinen* und *Füßen.* Nehmen Sie den natürlichen Spannungs- oder Entspannungszustand in den Oberschenkeln, Unterschenkeln und Füßen wahr, achten Sie dabei auch auf Wärme, die Berührung der Kleidung auf Ihrer Haut – mit jedem Atemzug entwickeln Sie eine intensivere Wahrnehmung für diese Körperpartie.

Spannen Sie nun die *Oberschenkel, Unterschenkel* und *Füße* an, die Oberschenkel fühlen sich nun ganz hart an, die Wadenmuskulatur ist auch ganz fest, die Füße sind angespannt und die Zehen krallen sich nach innen, so als wollten Sie mit dem nackten Fuß ein Blatt Papier vom Boden aufnehmen.

Steigern Sie die Spannung allmählich – nicht zu fest – halten Sie die Spannung – atmen Sie ruhig – ein und aus – lassen Sie die übrige Muskulatur locker – und entspannen Sie dann mit einem Mal oder allmählich.

Nehmen Sie nun den Unterschied zwischen der Anspannung zuvor und der jetzt beginnenden *Entspannung* wahr. Beobachten Sie Ihren Körper ganz bewusst – alle angenehmen Gefühle sind Zeichen für eine beginnende *Entspannung*. Nehmen Sie die kleinen Veränderungen zwischen dem Spannungszustand zuvor und der jetzt beginnenden *Entspannung* wahr. Lassen Sie die Muskeln noch lockerer, noch *entspannter* werden.

Wiederholen Sie die Spannung der *Oberschenkel, Unterschenkel* und *Füße.* Spannen Sie die Oberschenkel an – Sie heben leicht von der Unterlage ab – die Unterschenkel – sie werden ganz hart – und schließlich die Füße; halten Sie die Spannung, steigern Sie die Spannung leicht – nicht zu fest – spüren Sie sie, atmen Sie ruhig – ein und aus – halten Sie die Spannung, die übrige Muskulatur bleibt locker, und *entspannen* Sie dann, mit einem Mal oder allmählich die zuvor angespannte Muskulatur.

Während Sie ruhig atmen, sinken Sie allmählich noch tiefer in die Unterlage ein. Spüren Sie den Unterschied zwischen dem Spannungszustand zuvor und der jetzt beginnenden *Entspannung.* Mit jedem Atemzug nehmen Sie mehr *Entspannung* in Ihrem Körper auf und lassen mit dem Ausatmen Restspannung aus Ihrem Körper hinaus fließen.

Lassen Sie nun Ihre Wahrnehmung von den Beinen zum *Kopf* gleiten. Gehen Sie zunächst zur *Stirn* und nehmen Sie die dort natürlicherweise vorhandene Spannung oder Entspannung wahr. Verändern Sie im Augenblick nichts, nehmen Sie einfach nur wahr, wie Sie es empfinden.

Spannen Sie nun die Stirn an, bilden Sie Querfalten, so als ob Sie intensiv über etwas nachdenken würden. Spannen Sie die Stirn an, halten Sie die Spannung und nehmen Sie die Spannung wahr.

Steigern Sie die Spannung allmählich – nicht zu fest – halten Sie die Spannung – atmen Sie ruhig ein – und aus – lassen Sie die übrige Muskulatur locker – und *entspannen* Sie dann mit einem Mal oder allmählich.

Nehmen Sie nun den Unterschied zwischen der Anspannung zuvor und der jetzt beginnenden *Entspannung* wahr. Die Stirn fühlt sich glatt und leer an – und angenehme Kühle breitet sich allmählich über die ganze Stirn aus. Achten Sie auf den Unterschied zwischen dem Spannungszustand zuvor und der jetzt beginnenden *Entspannung.*

Wiederholen Sie die Anspannung der *Stirn*. Stirn leicht anspannen, Spannung allmählich steigern, ruhig atmen, Spannung halten, Spannung spüren, übrige Körperpartien und Muskeln locker lassen, um dann mit einem Mal oder allmählich die Stirn wieder vollständig zu *entspannen*.

Beobachten Sie den Unterschied zwischen dem Spannungszustand zuvor und der jetzt beginnenden *Entspannung* – während Sie ruhig ein und ausatmen beobachten Sie, wie sich die Muskulatur der Stirn allmählich immer weiter entspannt. Spüren Sie mit jedem Atemzug Restspannung in der Stirn auf und lassen sie mit dem Ausatmen aus dem Körper hinaus fließen. Beobachten Sie, wie sich die Entspannung auf der Stirn mehr und mehr ausbreitet und auch die *Kopfhaut* sich immer weiter *entspannt*.

Gehen Sie nun zu den *Augen* und zur *Augenpartie*. Nehmen Sie wahr, wie die Augen in den Augenhöhlen liegen. Die Augenlider sind jetzt leicht geschlossen. Nehmen Sie die natürliche Spannung oder Entspannung um die Augen herum wahr.

Spannen Sie die Augen nun an, indem Sie die *Augenlider* vollständig schließen, nicht zu fest, auch die Augenpartie ist jetzt angespannt. Während Sie ruhig atmen, nehmen Sie die Anspannung wahr. Lassen Sie die übrigen Muskelpartien locker, beobachten Sie die Spannung noch einen Moment, und *entspannen* dann mit einem Mal oder allmählich.

Nehmen Sie nun wieder den Unterschied zwischen der Anspannung zuvor und der jetzt beginnenden *Entspannung* wahr. Die Augen liegen zunehmend locker in den Augenhöhlen, die Augenpartie *entspannt* sich allmählich mehr und mehr. Mit jedem Ausatmen werden die Augen und die Augenpartie lockerer und lockerer.

Wiederholen Sie die Anspannung der *Augen* und *Augenpartie*. Spannen Sie an, nicht zu fest, versuchen Sie die übrige Gesichtsmuskulatur locker zu lassen, Spannung spüren, Spannung halten und dann mit einem Mal oder allmählich entspannen.

Beobachten Sie den Unterschied zwischen dem Spannungszustand zuvor und der jetzt beginnenden *Entspannung* – während Sie ruhig ein und ausatmen beobachten Sie, wie sich die vielen kleinen Muskeln, der Augen allmählich immer weiter *entspannen*. Sie liegen nun zunehmend lockerer in den Augenhöhlen.

Gehen Sie nun zum Mund, den Lippen, der Zunge und der Kieferpartie.

163

Nehmen Sie auch hier den natürlichen Spannungs- oder *Entspannungszustand* wahr.

Spannen Sie nun *Mund* und *Lippen* an, indem Sie die Lippen zusammenpressen, drücken Sie gleichzeitig die *Zunge* gegen den Gaumen, Spannen Sie jetzt auch die *Kiefermuskulatur* an, indem Sie die Zähne leicht zusammenbeißen. Nehmen Sie die Spannung wahr, atmen Sie ruhig, steigern Sie die Anspannung in den Lippen, der Zunge und der Kiefermuskulatur noch etwas, halten Sie die Spannung – und *entspannen* Sie mit einem Mal oder allmählich.

Nehmen Sie nun wieder den Unterschied zwischen der Anspannung zuvor und der jetzt beginnenden *Entspannung* wahr. Die Lippen fühlen sich voller an, die Zunge liegt locker im Mundraum, die Kiefermuskulatur entspannt sich allmählich mehr und mehr.

Wiederholen Sie die Anspannung. Spannen Sie Lippen, Zunge und Kiefermuskulatur an, atmen Sie ruhig ein und aus, steigern Sie die Anspannung, spüren Sie die Spannung, halten Sie die Spannung, lassen Sie die übrige Muskulatur locker, um dann mit einem Mal oder allmählich zu entspannen.

Beobachten Sie den Unterschied zwischen dem Spannungszustand zuvor und der jetzt beginnenden Entspannung – während Sie ruhig ein und ausatmen beobachten Sie, wie sich die vielen kleinen Muskeln, der Augen allmählich immer weiter entspannen. Sie liegen nun wirklich locker in den Augenhöhlen.

Gehen Sie nun zu den *Schultern.* Nehmen Sie auch hier den vorhandenen Zustand wahr. Atmen Sie ruhig, während Ihre innere Wahrnehmung auf der Schulterpartie ruht. „Tasten" Sie mit Ihrer Wahrnehmung den Bereich der Schultern, der Schulterpartie, der *Halsmuskulatur* ab. Beziehen Sie auch die *Rückenmuskulatur* entlang der *Wirbelsäule* mit ein.

Während Sie ruhig atmen, spannen Sie die Schultern an, indem Sie die Schultern in die Richtung des Kopfes hochziehen. Halten Sie die Spannung, nicht zu fest, atmen Sie ruhig ein und aus, steigern Sie die Spannung noch ein klein wenig und *entspannen* Sie dann mit einem Mal oder allmählich.

Nehmen Sie vorsichtig ausgleichende Bewegungen mit dem Kopf vor, bewegen Sie den Kopf vorsichtig nach links, nach rechts, nach vorne und wieder zurück.

Spüren Sie den Unterschied zwischen dem Anspannungszustand zuvor und der jetzt beginnenden *Entspannung.* Nehmen Sie auch die kleinen Unterschiede wahr. Während Sie ruhig atmen spüren Sie, wie die Schultern tiefer und tiefer sinken, fast so als wären kleine Gewichte an den Ellbogen, die die Arme immer tiefer sinken lassen.

Wiederholen Sie auch das noch einmal. Schultern zum Kopf hoch ziehen, Spannung halten, Spannung spüren, ruhig atmen, Anspannung noch etwas steigern, übrige Muskeln locker lassen, um dann mit einem Mal oder allmählich zu entspannen.

Beobachten Sie, wie sich die Schultern jetzt wirklich tief entspannen. Lassen Sie es jetzt zu und bemerken Sie wie sich die Entspannung über den ganzen Rücken ausbreitet; lassen Sie mit jedem Ausatmen die Schultern noch tiefer sinken.

Gehen Sie nun zur *Bauchmuskulatur.* Spüren Sie wie sich die Bauchdecke mit dem Einatmen hebt (die Bauchmuskulatur spannt sich dabei an) und beim Ausatmen wieder senkt (die Bauchmuskulatur entspannt sich wieder). Spannen Sie die Bauchmuskulatur an, indem Sie die Bauchmuskulatur leicht gegen den Hosenbund drücken, atmen Sie ruhig weiter, halten Sie die Spannung für einen Moment, spüren Sie sie und *entspannen* sie dann mit einem Mal oder allmählich.

Nehmen Sie wiederum den wohltuenden Unterschied zwischen dem Spannungs- und *Entspannungszustand* wahr.

Noch einmal *wiederholen:* Bauchmuskulatur anspannen, ruhig atmen, Spannung halten, Spannung spüren, Anspannung leicht steigern, übrige Muskulatur locker lassen, um dann mit einem Mal oder allmählich zu *entspannen.*

Nehmen Sie nun auch die Unterschiede zwischen dem ersten und dem zweiten *Entspannungszustand* wahr. Spüren Sie Restspannung auf und lassen Sie sie mit dem Ausatmen aus dem Körper hinaus fließen.

Spannen Sie nun *alle Muskelgruppen,* die sie zuvor getrennt angespannt haben, noch einmal an:

Die Hände zu Fäusten ballen, die Unterarme und die Oberarme anspannen, die Oberschenkel, die Unterschenkel und die Füße, die Stirn, die Augen, die Augenpartie, Lippen, Zunge, Kiefermuskulatur, die Schultern, die Bauchmuskulatur – atmen Sie ruhig ein- und wieder aus – halten Sie die Spannung, spüren Sie sie, nochmals leicht steigern und – *entspannen* Sie, mit einem Mal oder allmählich. Gut. Lassen Sie jetzt alle Muskeln ganz locker werden. Während Sie ruhig atmen, spüren Sie auch die Restspannung auf und sinken mit jedem Atemzug tiefer in eine angenehme, erholsame *Entspannung*.

Wenn Sie die Entspannung zurücknehmen möchten, *atmen* Sie zunächst tief ein, mit dem Einatmen aktivieren Sie den Körper, *recken* Sie die Arme und strecken die Muskulatur und *öffnen* Sie die Augen und nehmen Ihre Umgebung wahr.

Schätzen Sie nun bitte den Grad Ihrer Entspannung auf der „Skala zur Einschätzung der Entspannungstiefe" ein (vgl. Abbildung 54).

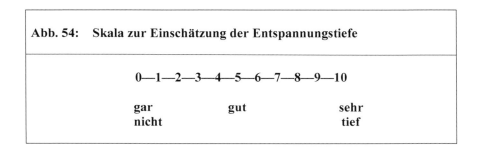

Abb. 54:   Skala zur Einschätzung der Entspannungstiefe

0—1—2—3—4—5—6—7—8—9—10

gar   gut   sehr
nicht   tief

Erwarten Sie gerade zu Beginn der Übungen nicht zu viel! Manchmal sagen Teilnehmer nach dem ersten Übungsdurchgang: „Ich konnte keine Entspannung in den Beinen spüren" oder „Ich habe nichts gemerkt" oder „Ich konnte mich noch nie richtig entspannen". Für diese Teilnehmer ist es gut, wenn Sie sich auf kleine, positive Veränderungen konzentrieren:

„In den Handflächen hatte ich ein lockeres Gefühl, dort spürte ich ein bisschen Entspannung. Beim nächsten Mal werde ich darauf besonders achten".

Jeder Organismus ist entspannungsfähig. Die Übungen der Muskelentspannung dienen dazu, den *Unterschied* zwischen dem Anspannungszustand und dem Entspannungszustand wahrzunehmen. Wenn Sie daher bei den ersten Durchgängen eine „*2*" oder „*3*" auf der obigen Skala ankreuzen, dann ist das Übungsziel erreicht. Zu hohe Erwartungen an sich selbst lösen Stress aus! Hier sollen sie lernen, Ihre Erwartungen niedriger anzusetzen und dadurch entspannter, wirksamer und effektiver zu werden.

8.7.4   Vorschlag für das Üben zu Hause oder im Hotelzimmer

Um einen nachhaltigen Effekt aus den Übungen zu erzielen, ist es notwendig, die Übungen regelmäßig durchzuführen. Wir empfehlen die Durchführung von 1-2 Übungsdurchgängen täglich für die ersten vier Wochen. Das Minimum für das Erlernen der Muskelentspannungsmethode liegt bei drei Durchgängen pro Woche.

Wenn Sie nach den ersten vier Wochen dann beginnen die Übungen in Ihrem Alltag gezielt zu integrieren und nach Bedarf anzuwenden, z. B. beim Autofahren die angespannten Schultern sinken lassen, oder bei der Bildschirmarbeit die Stirn zu entspannen, dann haben sie erfolgreich damit begonnen, die Entspannungsreaktion in Ihr Verhaltensrepertoire aufzunehmen.

Beobachten Sie für weitere *zwei Wochen,* in welchen Alltagssituationen die „spontane" Entspannungsreaktion auftritt: Bei der Arbeit am Bildschirm, bei Gesprächen, bei Vorträgen oder Präsentationen. Welche Muskelpartien entspannen Sie immer häufiger „spontan", d.h. also außerhalb der täglichen Übungseinheiten? Je häufiger Sie diese Reaktion bei sich beobachten, desto besser.

Nach etwa 3 Monaten üben die Meisten ca. dreimal wöchentlich. Beobachten Sie auf jeden Fall weiter, ob die Entspannungsreaktion im Alltag erhalten bleibt. Wenn nicht: Legen Sie wieder eine Intensivphase von zwei bis drei Wochen ein, in der Sie ein bis zwei Übungsdurchgänge täglich durchführen.

8.7.5   Progressive Muskelentspannung bei Stress am Schreibtisch

Kurzformen der progressiven Muskelentspannung lassen sich auch am Arbeitsplatz realisieren. Bei Stress am Schreibtisch empfiehlt sich eine Übungsfolge, deren Wirksamkeit mir von vielen Teilnehmer/innen an Seminaren zur Stressbewältigung bestätigt wurde.

Die Spannung in den nachfolgend benannten Muskelgruppen sollten Sie jeweils für fünf Sekunden halten. Gehen Sie die Abfolge zweimal durch. Danach sollten Sie sich eine knappe Minute auf die tiefe Entspannung konzentrieren, die auf die Anspannungsphase erfolgt.

1. Ziehen Sie Ihre Zehen im Sitzen kopfwärts und drücken Sie Ihre Fersen kräftig zum Boden. Spannen Sie dabei Waden und Oberschenkelmuskulatur an!

2. Spannen Sie Ihre Gesäßmuskulatur an!

3. Ballen Sie beide Hände zu Fäusten, strecken Sie sie neben der Sitzfläche nach unten und drehen Sie sie maximal einwärts. Ihre Schultern sollten dabei nach hinten gezogen sein. Spannen sie die Muskulatur der Schultern, Hände und Arme an.

4. Spreizen Sie maximal Ihre Finger seitlich vom Körper weg. Drehen Sie die Handflächen nach oben, wobei die Daumen nach hinten zeigen. Schneiden Sie zusätzlich Grimassen.

5. Führen Sie Ihren linken Arm hinter dem Kopf zur rechten Schulter. Drücken Sie mit dem Hinterkopf nach außen und halten sie mit dem Unterarm dagegen.

6. Führen Sie die gleiche Anspannung mit dem rechten Arm aus.

Schließen Sie nach der zweimaligen Ausführung der Abfolge Ihre Augen und konzentrieren Sie sich auf die angenehm entspannenden Effekte der progressiven Muskelentspannung.

Neben den beiden skizzierten Entspannungsverfahren helfen – „last but not least" – die Prinzipien des Zeit-, Ziel- und Ressourcenmanagements berufliche Belastungen zu bewältigen und somit gesundheitsschädlichen Di-Stress zu reduzieren.

8.8   Burnout:
Wenn der Dauerstress nicht mehr bewältigt wird

TN: „Sicher sind sowohl die Prinzipien des ZZR-Managements, die vorgestellten Tipps zur Reduzierung von Di-Stress als auch die Anwendung der modifizierten Form der Progressiven Muskelentspannung hilfreiche Werkzeuge zur Bewältigung des alltäglichen Dauerstresses – nur:

Was ist zu tun, wenn ich in eine Situation gerate, in der der Druck, den ich mir selbst auferlege und der von außen an mich herangetragen wird, dazu führt, dass ich zu viel, zu lange und zu intensiv arbeite, so dass ich mich zunehmend müde, ausgelaugt, erschöpft, ja oft genug sogar resigniert, unausgeglichen und überreizt fühle?"

BT: „Ihre Darstellung entspricht im Wesentlichen dem, was der New Yorker Psychoanalytiker Dr. Herbert Freudenberger 1974 in einer Selbstbeschreibung als *Burnout-Falle* bezeichnete, in die „the dedicated" (die Hingebungsvollen) und „the committed" (die ihrer Aufgabe Verpflichteten, Überidentifizierten) wegen überhöhten Engagements hineintappen.

Unsere Erfahrung zeigt, dass nicht wenige Selbstständige mit eben solchen Eigenschaften in diesen Zustand umfassender psychischer und physischer Erschöpfung geraten, oft schon nach dem ersten Jahr Selbstständigkeit, wenn die anfänglichen Herausforderungen gemeistert sind, Monotonie droht und die weitere Entwicklung blockiert ist."

TN: „Wodurch lässt es sich vermeiden, in diese sogenannte Burnout-Falle zu tappen, bzw. wie kommt man wieder aus ihr heraus?"

BT: „Wenn wir der Konzeption Freudenbergers folgen, bietet Burnout dem Betroffenen ein eigenständiges Konstrukt, um geringere psychische Belastbarkeit, weniger Leistungsfähigkeit, herabgesetzte Stimmung und körperliche Begleitsymptome zu thematisieren, ohne deswegen für psychisch krank gehalten zu werden.

Im Hinblick auf präventive und therapeutische Strategien hat Freudenberger eine Reihe von Empfehlungen ausgesprochen, die im Wesentlichen dem Betroffenen ermöglichen, eine gesunde Distanz zum überhöhten beruflichen Engagement herzustellen. Folgen wir diesen, sollten Selbstständige

➢ klären ob, bzw. inwieweit ihre Ansprüche an sich und ihre Arbeit realistisch sind;

➢ konsequent ihre Arbeitsstunden begrenzen (Freizeit = *frei* haben);

➢ sich klare Urlaubsregeln geben, ohne dabei Flexibilität im Hinblick auf unerwartete Aufgabenstellungen seitens Klienten oder Kunden einzubüßen;

➢ kollegiale Kontakte pflegen (z.B. in Unternehmens-, oder Berufsverbänden) und sich bei gutem Interaktionsklima offen mit Kollegen über Möglichkeiten austauschen, wie sich Belastungen begrenzen lassen;

➢ an einschlägigen Veranstaltungen (Workshops, Seminaren, Vorträgen etc.) teilnehmen, um sich dort Anregungen für eine optimierte Work-Life-Balance zu holen;

➤ unter Anwendung der Prinzipien des Zeit-, Ziel- und Ressourcenmanagements zu hohe Arbeitsbelastung vermeiden und monotonen Arbeitsabläufen vorbeugen;

➤ sich durch Training körperlich fit halten."

8.8.1 Burnout als eigenständige Gesundheitsstörung

TN: „Aber verstehen wir heute unter Burnout nicht doch mehr als den von Freudenberger beschriebenen Zustand, in dem es jemanden zwar nicht gut geht, er jedoch keineswegs psychisch krank oder gestört ist, und greifen dann die angeführten sicher wichtigen und richtigen Empfehlungen zur Distanzierung von einer beruflichen Überlastungssituation nicht zu kurz?"

BT: „Meist wird unter Burnout ein fortschreitender Prozess verstanden, der mit körperlicher, emotionaler und geistiger Erschöpfung einhergeht, und durch Stress ausgelöst wird, der nicht mehr bewältigt werden kann. Unter Kapitel Z 73 „Probleme und Schwierigkeiten bei der Lebensbewältigung" der Internationalen Klassifikation psychischer Störungen ICD-10 wird das *Burnout-Syndrom* als Erschöpfungssyndrom aufgeführt. Demzufolge lässt sich Burnout als eigenständige Gesundheitsstörung betrachten, die einem typischen Verlauf folgt."

TN: „Und wie genau sieht der Verlauf des Burnout-Syndroms aus?"

BT: „In einer umfassenden Synopse der in der Literatur häufig genannten Symptome hat Michael Burisch sieben Phasen der *Burnout-Symptomatik* benannt, von denen wir auch in unserer Praxis bei betroffenen Selbstständigen eine ganze Reihe vorgefunden haben, nämlich:

1) Warnsymptome der Anfangsphase – einerseits Überengagement (u.a. Zeitnot, Verleugnung eigener Bedürfnisse), andererseits zunehmende psychischen Erschöpfungszeichen (u.a. nicht abschalten können, Energiemangel, Unausgeglichenheit);

2) Reduziertes Engagement – innerliche Distanz gegenüber Klienten und Kunden, Desillusionierung, Verlust von Empathie, Zynismus, negative Einstellung zur Arbeit, Überdruss, Fluchtphantasien, Verkürzung der Arbeitszeiten, Gefühl ausgenutzt zu werden, Beruf-Familie-Probleme etc.;

3) Emotionale Reaktionen, Schuldzuweisung – regressive Stimmung des Versagens, reduzierte Selbstachtung, Schuld- und Insuffizienzgefühle, Depressionen, Pessimismus, Hilflosigkeit, Gefühl, festgefahren zu sein bis hin zu Selbstmordgedanken, aber auch Aggressionen in Form von Schuldvorwürfen an andere, destruktivem Kritikverhalten, Nörgeleien, Reizbarkeit und zunehmende Konflikten mit anderen, sowie negativistische Einschätzungen;

4) Abbau – Reduktion der kognitiven Leistungsfähigkeit (u.a. Konzentrations- und Gedächtnisschwäche, Desorganisation, etc.), der Motivation (insbesondere reduziertes Engagement), der Kreativität (verringerte Phantasie und Flexibilität) und deutliches Schwarz-Weiß-Denken, sowie geringere Veränderungs- und Anpassungsbereitschaft;

5) Verflachung – fortschreitende Verflachung des gesamten emotionalen (Gleichgültigkeit), sozialen (Eigenbrötelei) und geistigen Lebens (Vernachlässigung von Hobbys, Langeweile und Desinteresse) in Verbindung mit Rückzugsdenken;

6) Psychosomatische Reaktionen – Muskelverspannungen, Kopfschmerzen, Magen-Darm-Störungen, Schlafprobleme, Herz-Kreislauf-Beschwerden, Schwindel, Schwächung des Immunsystems, etc. und nicht zu vergessen erhöhter Konsum von Alkohol, Kaffee, Tabak und anderen Drogen;

7) Verzweiflung – negative Einstellung zum Leben, Hoffnungslosigkeit, Gefühl der Sinnlosigkeit, existenzielle Verzweiflung bis hin zu Selbstmordabsichten.

Einer unserer Klienten hat in der Nachbetrachtung sein Erleben der Burnout-Symptomatik so auf den Punkt gebracht: „Ich habe mich so gefühlt, als säße ich in einer Falle, aus der es kein Entrinnen gab!"

TN: „Damit stellen sich zwei Fragen – erstens: Woher weiß ich, dass ich in der Burnout-Falle sitze? Und zweitens: Wie komme ich da wieder raus, bzw. erst gar nicht hinein?"

BT: „Um das Ausmaß der Behandlungsbedürftigkeit zu erkennen arbeiten wir sowohl in unseren Burnout-Seminaren als auch bei unseren Individualberatungen und Coachings mit *Burnout-Screening-Skalen*. Hierbei handelt es sich um wissenschaftlich fundierte Fragebögen zur Selbstbeurteilung. Mit ihnen lassen sich subjektive psychische, physische und psychosoziale Beschwerden erfassen, die typisch für das Auftreten der Burnout-Symptomatik sind.

Wir haben sehr gute Erfahrungen mit den Burnout-Screening-Skalen BOSS I und BOSS II gemacht, die ab einem Alter von 18 Jahren bei Männern und Frauen in allen Berufsgruppen und Lebenssituationen sowohl zur Eingangsdiagnostik als auch zur Verlaufsuntersuchung eingesetzt werden können. Mit BOSS I lassen sich Beschwerden in den Lebensbereichen Beruf, eigene Person, Familie und Freunde über einen Beurteilungszeitraum von drei Wochen erfassen. BOSS II erfragt körperliche, kognitive und emotionale Beschwerden über einen Beurteilungszeitraum von sieben Tagen.

Wir bieten Ihnen direkt per Mail BRENDT-TRAINING@t-online.de die Möglichkeit, die Fragebögen abzurufen, die wir dann gerne gegen eine Bearbeitungsgebühr für Sie auswerten und die Ergebnisse und Vorschläge zum weiteren Vorgehen in einem Telefonat zu Ihrem Wunschtermin erläutern.

Schließlich besteht der erste Schritt zur Behandlung eines Burnout-Syndroms darin, dass die Behandlungsbedürftigkeit vom Betroffenen akzeptiert wird. Dies dürfte jedem leichter fallen, wenn er für sich realisiert, dass es sich bei Burnout zwar um eine Gesundheitsstörung handelt, er deswegen jedoch nicht gleichzeitig psychisch krank ist. Insofern erfolgt keine Stigmatisierung und der Betroffene kann sich mit einem positiven Selbstbild in die Behandlung begeben."

8.8.2   Behandlung des Burnout-Syndroms

Wenn Sie für sich Behandlungsbedürftigkeit erkannt haben, sollten Sie für sich Wege erschließen, um sich in optimaler Weise:

➢ durch Reduktion und Ausschaltung der Stressoren zu entlasten, in dem Sie konsequent mit den Prinzipien des ZZR-Managements arbeiten;

➢ zu erholen, indem Sie Entspannungsverfahren einsetzen, wie z.B. die Progressive Muskelentspannung anwenden (vgl. Kapitel 4.7), Ihre Batterien durch Wellness, Hobbys und Freizeitaktivitäten wieder aufladen und durch Sport Ihre Fitness optimieren;

➢ zur Besonnenheit zu ermahnen, indem Sie Perfektionismus und Selbstüberforderung begrenzen, sich gegenüber überzogene Forderungen wappnen und eigenen Bedürfnissen angemessenen Raum geben.

Wir können es auch ganz einfach auf den Punkt bringen – Wenn es Ihnen gelingt, die in diesem Band vorgestellten Empfehlungen in die Tat umzusetzen, sind Sie nicht nur auf dem besten Weg chronischen Di-Stress zu bewältigen, sondern legen auch den Grundstein für eine erfolgreiche Burnout-Abwehr. Darüber hinaus verfügen Sie über effektive Mittel, aus eigener Kraft die Burnout-Symptomatik anzugehen.

Sollten Sie jedoch schon so tief in der Burnout-Falle stecken, dass Sie therapeutische Unterstützung in Anspruch nehmen möchten, sollten Sie sich zunächst ein wenig Zeit nehmen und in Ruhe Ihre Situation klären, bevor Sie sich an einen Gesprächspartner Ihres Vertrauens wenden. In diesem Zusammenhang haben sich folgende Fragen als überaus hilfreich erwiesen:

➢ Was verursacht mein aktuelles Problem?

➢ Was habe ich bisher dagegen unternommen?

➢ Wie möchte ich künftig vorgehen?

Durch die sorgfältige, schriftliche Beantwortung dieser drei Fragen, verschaffen Sie sich nicht nur einen guten Überblick über Ihre Gesamtsituation, sondern legen auch den Grundstein dafür, dass Ihr Gesprächspartner gemeinsam mit Ihnen Ziele und Methoden für das weitere Vorgehen abstimmen kann. Sollten Sie in dieser Hinsicht Beratungsbedarf haben, stehen wir Ihnen gerne über BRENDT-TRAINING@t-online.de zur Verfügung.

Neben den beiden skizzierten Entspannungsverfahren hilft – „last but not least" – erfolgreiches Zeitmanagement, berufliche Belastungen zu bewältigen.

Nutzen sie die „Checkliste zur Schlussbetrachtung". Haken Sie ab, was Sie umgesetzt haben. Setzen sie nach, wenn sie Handlungsbedarf entdecken.

Das Stichwortverzeichnis hilft Ihnen bei der Suche nach Tipps, wenn Sie sich erinnern möchten, wie Sie Ihr Zeitmanagement weiter optimieren können.

9   Checkliste zur Schlussbetrachtung

Was Sie am Ende umgesetzt haben sollten ...	JA
1. Haben Sie die Bedeutung des Zeitmanagement klar erkannt?	
2. Verfügen Sie über einen klaren, eindeutigen Lebensplan mit wohlgeformten Zielen?	
3. Sind Ihre Ziele überlegt und zweckmäßig aufgestellt?	
4. Wissen Sie genau, was Sie langfristig erreichen wollen?	
5. Haben Sie Zeitinventuren durchgeführt?	
6. Haben Sie festgestellt, wann wie viele Störungen Ihre Arbeit beeinträchtigen?	
7. Haben Sie eine Liste der wesentlichen Zeitdiebe erstellt?	
8. Haben Sie einen klaren Plan für den heutigen Tag?	
9. Bereiteten Sie gestern die Arbeit für heute so vor, dass Sie morgens zügig anfangen konnten?	
10. Setzen Sie effektiv Prioritäten?	
11. Haben Sie in Ihrer Planung alle Arbeitsschritte und die dafür anfallenden Zeiten sorgfältig bedacht?	
12. Sind Ihre Tagespläne erfüllbar und praxisgerecht?	
13. Benutzen Sie ein Zeitplanbuch?	
14. Klappt Ihre Abschirmung gegen ungeliebte Besucher – kennen Sie Techniken Sie zu verscheuchen?	
15. Haben Sie Ihre Planung mit „Mut zur Lücke" so gestaltet, dass andere wesentliche Arbeiten nicht zu kurz kommen?	
16. Überlegten Sie, wer zeitaufwendige Arbeiten übernehmen kann, um Sie zu entlasten?	
17. Versicherten Sie sich, dass niemand Ihre Planung mit Zusatzarbeiten „umwerfen" kann?	
18. Steht die Organisation der Arbeit so, dass Sie mit der geplanten Zeit zurechtkommen?	
19. Haben Sie Zwischenkontrollen eingebaut, anhand derer Sie erkennen können, ob Sie zurechtkommen oder ob Zusatzmaßnahmen nötig sind?	
20. Haben Sie eine Checkliste für Unerledigtes, um die Durchführung noch zu erreichen?	
Fortsetzung von **Was Sie am Ende umgesetzt haben sollten ...**	JA

21. Organisierten Sie in letzter Zeit Ihren Arbeitsplatz neu, um effektiver zu arbeiten?	
22. Beachten Sie Leistungskurven bei Ihrer Tagesplanung?	
23. Nutzen Sie die Hochs in der Leistungsfähigkeit für die wichtigen Arbeiten?	
24. Sind Sie stets bereit, mit Menschen zusammenzuarbeiten und Aufgaben weiter zu geben?	
25. Schaffen Sie es, bei eigener Überlastung andere einzuspannen, um nicht alles selbst machen zu müssen?	
26. Lassen Sie Ihren Kollegen und Mitarbeitern genügend Spielraum, um eigene Entscheidungen treffen zu können?	
27. Wehren Sie sich, wenn Vorgesetzte, Kollegen und Mitarbeiter Ihnen immer mehr Arbeit aufbürden wollen?	
28. Haben Sie „stille Zeiten" für kreative, unternehmerische Arbeiten?	
29. Planen Sie bei Gesprächen und Besprechungen konsequent die Zeit vor – teilen Sie das zu Beginn deutlich mit?	
30. Bereiten Sie Ihre Gespräche und Besprechungen gedanklich und schriftlich so vor, dass Sie in allen Fragen kompetent sind?	
31. Führen Sie Gespräche und Besprechungen diszipliniert – achten Sie konsequent darauf, in der vorgesehen Zeit zu bleiben?	
32. Halten Sie Gesprächsergebnisse stichwortartig fest?	
33. Kontrollieren Sie regelmäßig die Ergebnisse Ihres Zeitmanagements?	
34. Motivieren Sie Ihre Mitarbeiter, Zeitmanagement zu betreiben?	
35. Unternehmen Sie vorausplanend etwas, um Ihren Stress zu bewältigen?	
36. Belohnen Sie sich und andere, wenn etwas gelang?	
37. Arbeiten Sie kontinuierlich an der Optimierung Ihres Zeit- und Selbstmanagements?	

Bamberg, E. (Hrsg.), Ducki, A., Metz, A.-M. (1998), Handbuch betriebliche Gesundheitsförderung, Göttingen: Verlag für angewandte Psychologie

Bohlen, F. N. (2008), Effizient lesen (7. Auflage), Renningen: expert verlag

Brendt, D.; Sollmann, C., 2., neu bearbeitete Auflage (2017), Gesundheitsmanagement als Führungsaufgabe, Renningen: expert verlag

Brendt, D.; Sollmann, C. (2009), Zeitmanagement bei Auslandseinsätzen, Renningen: expert verlag

Brendt, D. (1995), Menschenführung im Baubetrieb, Neu-Isenburg: ztv-Verlag

Brendt, D., 5., bearbeitete Auflage (2017), Zeitmanagement für den Bauleiter, Renningen: expert verlag

Brendt, D. (2008), Zeitmanagement für Techniker und Ingenieure (2. aktualisierte Aufl.), Renningen: expert verlag

Brendt, D.; Sollmann, C. (2011), Zeitmanagement für Selbstständige, Renningen: expert verlag

Brendt, D.; Sollmann, C. (2012). Burnout am Arbeitsplatz, Renningen: expert verlag

Brendt, D.; Amberg, J. (2018), Mitarbeiterführung erfolgreich und praxisorientiert, Renningen: expert verlag

Brengelmann, J.C. (1993), Erfolg und Streß, Weinheim: Beltz

Bries-Neumann, G. (1996), Professionell telefonieren, Wiesbaden: Gabler

Burisch (2006), Das Burnout-Syndrom (3. Auflage), Heidelberg: Springer

Comelli, G. (1995), Führung durch Motivation, München: Beck

Crisan/Lyon (1991), Anti-Stress-Training (2. Aufl.), Heidelberg: Sauer

Dießner, H. (1999), Praxiskurs Selbst-Coaching, Paderborn: Junfermann

Dogs, W. (1991), Konzentrative Entspannungstherapie (18. Aufl.), Duisburg: Braun

Fisher, R., Ury, W., Patton, B. (1998), Das Harvard-Konzept (17. Aufl.), Frankfurt/Main: Campus

Gros, E. (Hrsg.) (1994), Anwendungsbezogene Arbeits-, Betriebs- und Organisationspsychologie, Göttingen: Verlag für Angewandte Psychologie

Hagemann, W., Greulich, K. (2009), BOSS, Göttingen: Hogrefe

Hofmann, E. (1999), Progressive Muskelentspannung, Göttingen: Hogrefe

Hofmann, E. (2001), Weniger Stress erleben, Neuwied - Kriftel: Luchterhand

Hoffman, B. (1990), Handbuch des autogenen Trainings (10. Aufl.), München: dtv

Jaggi, F. (2008), Burnout – praxisnah, Stuttgart: Thieme

Kaluza, G. (2005), Stressbewältigung, Heidelberg: Springer

Lewin, K. (1935), A Dynamic Theory of Personality, Columbus OH: McGraw-Hill

Meier-Koll, A. (1995), Chronobiologie, München: Beck

Niermeyer, R. (2001), Motivation, Freiburg i. Br.: Haufe

Perry S., Dawson, J. (1992), Chronobiologie, München: Heyne

Rauen, C. (Hrsg.) (2002). Handbuch Coaching, Göttingen: Hogrefe

Schelp, T. (1997), Rational-Emotive Therapie. Bern: Huber

Schuler, H. (Hrsg.) (2001), Lehrbuch der Personalpsychologie, Göttingen: Hogrefe

Sperling, J.B. (1997), Führungsaufgabe Moderation (2. Aufl.), Planegg: WRS

Stroebe, R.W. (1995), Arbeitsmethodik 1 (7. Aufl.), Heidelberg: Sauer

Stroebe, R.W. (1993), Arbeitsmethodik 2 (5. Aufl.), Heidelberg: Sauer

Thomas, A.M. (1998), Coaching in der Personalentwicklung, Bern: Huber

Tosch, M. (1997), Besprechungen moderieren, Eichenzell: Neuland

Unger H.P., Kleinschmidt C. (2007), Bevor der Job krank macht (3. Aufl.), München: Kösel

Vester, F. (1976), Phänomen Stress, Stuttgart

Wagner-Link, A. (2010), Verhaltenstraining zur Stressbewältigung, Stuttgart: Klett-Cotta

Waterhouse, H.M., Minors, D.S., Waterhouse, M.E. (1992), Die innere Uhr, Bern: Huber

Weiß, J. (1992), Selbst-Coaching (3.Aufl.), Paderborn: Junfermann

12   Abbildungs- und Tabellenverzeichnis

Dieter Brendt, geb. 1954,
Diplompsychologe, ABO-Psychologie, RWTH Aachen,
Supervisor, BDP

Aus einer traditionsreichen Handwerkerfamilie stammend kann der Autor nach einer Lehre zum Fernmeldehandwerker auf langjährige Berufserfahrungen als Techniker (zuletzt in leitenden Positionen beim Deutschen Wetterdienst und in einer Werkstatt für Behinderte) zurückgreifen. Sein Studium der Arbeits-, Betriebs- und Organisationspsychologie auf dem 2. Bildungsweg hat er über unternehmerische Tätigkeiten im Baugewerbe finanziert.

Ab 1989 als Trainer, Coach und Personalberater in unterschiedlichen Branchen tätig. Tätigkeitsfelder:

➢ Zeit- und Selbstmanagement (zahlreiche Veröffentlichungen zum Thema)
➢ Betriebliche Gesundheitsförderung
➢ Führung
➢ Kommunikation und Kooperation
➢ Coaching
➢ Train the Trainer

Kontakt:

BRENDT-TRAINING@t-online.de

expert verlag®
Erlesene Weiterbildung®

Dipl.-Psych. Dieter Brendt
Dr. Christoph Sollmann

Gesundheitsmanagement als Führungsaufgabe

Effektive Mittel und effiziente Wege zur betrieblichen Gesundheitsförderung

2., neu bearb. Aufl. 2017, 279 S., zahlr. Abb.,
Checklisten u. Arbeitsblätter, 39,80 €
(Praxiswissen Wirtschaft, 113)
ISBN 978-3-8169-3178-2

Zum Buch:
Hauptsache gesund! Stimmt – denn nur wer gesund ist und sich bei seiner Arbeit wohl fühlt, kann sein Leistungspotenzial in vollem Umfang abrufen. Da Unternehmen heutzutage in besonderem Maße vom Leistungsvermögen ihrer Mitarbeiter/innen abhängen, schaffen sie mit Maßnahmen zur Verbesserung des Arbeits- und Gesundheitsschutzes und mit Projekten zur betrieblichen Gesundheitsförderung wesentliche Voraussetzungen zur Festigung und Steigerung ihrer wirtschaftlichen Leistungsfähigkeit.
Das Buch bietet Inhabern und Personalverantwortlichen eine Fülle von Möglichkeiten, wie sie nicht nur ihre Firma und ihre Mitarbeiter, sondern auch sich selbst fit machen können und durch maßgeschneidertes Gesundheitsmanagement ihr »Return on Investment« maximieren. Die Darstellung und Diskussion von Beispielen aus der betrieblichen Praxis liefert vielseitige und umfassende Denkanstöße. Checklisten, Leitfäden, konkrete Maßnahmenkataloge und realistische Aktionspläne gewährleisten die unmittelbare Übertragbarkeit.

Inhalt:
Gesundheitsprojekte firmenspezifisch entwickeln – Führungsinstrumente zum Gesundheitsmanagement – Stressbewältigung – Ernährung – Fitness

Die Interessenten:
Inhaber und Personalverantwortliche kleinerer und mittlerer Unternehmen – Personalentwickler – Beauftragte des Arbeits- und Gesundheitsschutzes – Mitarbeiter/innen in Gesundheitsförderungsprojekten

Blätterbare Leseprobe
und einfache Bestellung unter:
www.expertverlag.de/3178

Rezensionen:
»Das Gesundheitsmanagement wird zur Führungsaufgabe. Gesundheitsprojekte werden firmenspezifisch entwickelt und die erfolgreiche Stressbewältigung wird hier hervorgehoben. Die Aspekte Ernährung, Bewegung und dementsprechend auch die Fitness werden unter dem Gesichtspunkt des Gesundheitsmanagement als Führungsstil in Augenschein genommen.«
Unternehmensnetzwerk zur betrieblichen Gesundheitsförderung in der EU

Die Autoren:
Diplom-Psychologe Dieter Brendt: Freiberuflicher Coach und Consultant, Projektierung und Begleitung firmenspezifischer Programme zur Gesundheitsförderung, Innovative Potentialentfaltung für Fach- und Führungskräfte in Technik, Service und Vertrieb, Coaching, Supervision, Beratung, Kommunikations- und Führungstraining, Teamentwicklung, Talentförderung, Bundesweite, branchenübergreifende Aktivitäten in Unternehmen unterschiedlicher Größe, Autor von Fachbüchern, zahlreiche Artikel in Fachzeitschriften.
Diplom-Psychologe Dr. Christoph Sollmann: Führungskräftetrainer und Verhaltenstherapeut , Branchenübergreifende Erfahrung in Change-Prozessen, Potenzialerfassung, Coaching. Autor von Fachartikeln über Potenzialentwicklung und Assessment-Center-Technik.

Bestellhotline:
Tel: 07159 / 92 65-0 • Fax: -20
E-Mail: expert@expertverlag.de

Dipl.-Psych. Dieter Brendt

Zeitmanagement für den Bauleiter

Mittel und Wege der Zeitplanung und Selbstorganisation – Zeitgewinn durch Führungstechniken – Stressbewältigung

5., bearb. Aufl. 2017, 157 S., ca. 29,80 €, 38,80 CHF
(Kontakt & Studium, 610)
ISBN 978-3-8169-3370-0

Zum Buch:

Immer wieder klagen Bauleiter darüber, dass sie wegen Arbeitsüberlastung und Zeitnot ihre Möglichkeiten nicht effizient ausschöpfen können. Ehe sie sich versehen und ohne genau zu wissen wieso, befinden sie sich in Situationen, in denen sie nur noch reagieren statt zu agieren. Wichtige Aufgaben werden erst nach dem offiziellen Arbeitsschluss erledigt, häufig resultieren daraus Berufs-Freizeit-Konflikte. Wie können Bauleiter gegensteuern, ihre Zeit optimal gestalten, wie lenken, statt gelenkt zu werden?

Das Buch zeigt auf der Grundlage bewährter Erkenntnisse aus der angewandten Psychologie, untermauert durch einschlägige Erfahrungen aus Beratertätigkeiten in der Baubranche, welche Faktoren im betrieblichen Alltag des Bauleiters sich wie und warum negativ auf sein Zeitmanagement auswirken. Es bietet mit der Methodik des persönlichen Zeitmanagements praxisnahe Lösungen, mit denen Bauleiter ab sofort planvoll und erfolgreich ihren Arbeitsalltag gestalten können.

Inhalt:

Grundsatzüberlegungen – Erfolgreiche Zielsetzung – Methoden der Zeitplanung – Zeitfallen und Zeitdiebe – Prioritätensetzung – Tipps zur Arbeitsökonomie – Zeitmanagementanleitung für Mitarbeiter – (Zeit-)Management by Delegation – Schnelle und wirkungsvolle Verhandlungsführung – Stress: Erscheinungsformen und Gegenmaßnahmen

Die Interessenten:

Bauleiter – Bauingenieure – Poliere – Unternehmen der Bauindustrie und des Baugewerbes – Handwerksbetriebe

Rezensionen:

»Für eine Selbstreflexion und für grundsätzliche Veränderungen ist die übersichtliche, gut konsumierbare Publikation bestens geeignet.«
                                                    Deutsche BauZeitschrift

»Durch den offenen Umgang mit den Problemstellungen und die Hinweise des Autors ist Zeitmanagement möglich und umsetzbar. [...] Es ist empfehlenswert, seine Zeit aufzuwenden für dieses Buch.«
                                                    Der Bausachverständige

Der Autor:

Dipl.-Psych. Dieter Brendt, Freiberuflicher Trainer und Berater;
Bundesweite Aktivitäten in Bauindustrie, Bauhaupt- und Baunebengewerbe
Themen: Zeit- und Selbstmanagement, Führung, Kommunikation und Kooperation
Fachbuchautor. Zahlreiche Artikel in Fachzeitschriften

Blätterbare Leseprobe

und einfache Bestellung unter:

www.expertverlag.de/3370

Bestellhotline:
Tel: 07159 / 92 65-0 • Fax: -20
E-Mail: expert@expertverlag.de

expert verlag®

Erlesene Weiterbildung®

Dipl.-Psych. Dieter Brendt,
Dipl.-Soz.päd. Jürgen Amberg

Mitarbeiterführung erfolgreich und praxisorientiert

**Changemanagement – Führungsinstrumente –
Betriebliche Gesundheitsförderung**
2018, ca. 150 S., ca. 29,00 €, 38,80 CHF
(Praxiswissen Wirtschaft, 146)
ISBN 978-3-8169-3388-5

Zum Buch:

In dem Maße wie Anforderungen an Unternehmen und Mitarbeiter stetig wachsen wird der Wettbewerbsfaktor Personal immer entscheidender. Gefragt sind effektive Mittel und effiziente Wege zur erfolgreichen Gestaltung von Veränderungsprozessen und zur Optimierung des Führungshandelns.

Anhand von Praxisbeispielen aus sozialer Betreuung und Pflege bietet das Buch Inhabern und Personalverantwortlichen kleiner und mittlerer Unternehmen aller Branchen wertvolle Denkanstöße und sofort umsetzbare Möglichkeiten, wie sich Instrumente und Konzepte zur Mitarbeiterführung maßgeschneidert und kostengünstig entwickeln und nachhaltig umsetzen lassen, um Mitarbeiter dauerhaft und wirksam zu unterstützen, sowie systematisch zu fördern. Es wird aufgezeigt, wie durch interne und externe Begleitung Führungskräfte unterstützt werden können, erfolgreich, systematisch und flexibel die implementierten Mittel anzuwenden und Teamressourcen gewinnbringend zu nutzen und auszubauen. Zudem wird Gesundheitsförderung als besondere Führungsaufgabe und Bestandteil einer fürsorglichen Führungskultur fokussiert

Inhalt:

Methoden des Changemanagements zur proaktiven Gestaltung von Veränderungsprozessen – Führungsinstrumente zur systematischen Personalauswahl und -entwicklung – Coaching von Führungskräften und Teams – Methoden und Maßnahmen zur betrieblichen Gesundheitsförderung

Blätterbare Leseprobe
und einfache Bestellung unter:
www.expertverlag.de/3388

Die Interessenten:

Personalverantwortliche, Manager und Berater, die praxiserprobte Führungsinstrumente kostengünstig implementieren und wirkungsvoll einsetzen, sowie bewährte Methoden zur Steigerung von Leistung und Zufriedenheit der Mitarbeiter in kleinen und mittleren Unternehmen anwenden möchten.

Die Autoren:

Dipl.-Psych. Dieter Brendt: freiberuflicher Coach und Consultant, Projektierung und Begleitung von Change-Prozessen, sowie firmenspezifischer Programme zur betrieblichen Gesundheitsförderung, Potenzialerfassung, Führungskräftetraining, Teamentwicklung, Talentförderung, bundesweite Aktivitäten in Unternehmen unterschiedlicher Größe; Autor von Fachbüchern: Gesundheitsförderung als Führungsaufgabe, Burnout am Arbeitsplatz, sowie zahlreiche Veröffentlichungen zum Thema Zeitmanagement und Mitarbeiterführung – **Dipl.-Soz.-Arb. Jürgen Amberg:** Direktor des Wohn- und Beschäftigungsverbunds der Alexianer Aachen GmbH, Vorsitzender des Zweckverbands der katholischen Behandlungs- und Betreuungseinrichtungen im Rheinland

Bestellhotline:
Tel: 07159 / 92 65-0 • Fax: -20
E-Mail: expert@expertverlag.de